TÜBINGEN

W0216764

Verlag RISCH-LAU & GEBR. METZ Ges.m.b.H.

Vielleicht wird es auch für Sie eine Liebe auf den ersten Blick

Tübingen, ein Mosaik, zusammengesetzt aus sichtbaren und scheinbaren Gegensätzen. Oben und Unten. Altstadt und Hochhäuser. Enge Gassen und breite Auffahrtsstraßen. Alte Gedanken und junge Ideen. Formeln und Verse. Wissenschaftlicher Esprit und schwäbischer Humor und Fleiß. All dies macht Tübingen so reizvoll. Und Sie werden selbst entdecken und feststellen: Hier kann man mehr studieren und genießen als Philosophie und ein Viertele, hausgemachte Literatur und Spätzle.
Und wenn Sie wiederkommen, wird es ein Besuch werden bei einer jung gebliebenen alten Liebe.

Tübingen: Ein Vor-Wort

1078 wird Tübingen erstmals in der Trierer Chronik erwähnt. Heute ist es in aller Munde. Dazwischen steht das entscheidende Wort: attempto - ich wag's.
Das hat Tübingen zu dem werden lassen, was es ist: eine Universität.
Der mutige Sprecher war der junge *Graf Eberhard V.* (später *im Bart*). Durch seine Mutter Mechthild von der Pfalz (später *Mechthild von Österreich*) lernte er, Bildung zu schätzen. Hineingeboren in den Geist der Renaissance, und durch Heirat mit Barbara *Gonzaga von Mantua* auch mit Vertretern des italienischen Humanismus verbunden, galt sein Interesse der Literatur, der Kunst, alten Sprachen und den religionsphilosophischen Fragen der vorreformatorischen Zeit. Er erkannte die Wichtigkeit, Gelehrte dieser Wissensgebiete um sich zu haben. Mit neuem Selbstbewusstsein wagte er, was bislang Mächtigeren vorbehalten war: er gründete die Universität. Das war 1477 und Tübingen eine kleine Stadt mit 3500 Einwohnern.

Warum in Tübingen? Die Vorgeschichte

Kaiser Heinrich IV. ließ 1078 die Burg belagern und unterwarf *Graf Hugo von Tübingen.* Um die Königsrechte zu wahren, wurden die Tübinger Grafen 1146 zu Pfalzgrafen von Schwaben ernannt. *Rudolf I.* gründete 1187 das Prämonstratenserkloster Bebenhausen und berief 1190 Zisterzienser, die, mit Gebet in ihren schlichten Mauern und harter Arbeit, ihrem Wahlspruch „ora et labora" lebten und beträchtliche Güter erwirtschafteten. Weniger erfolgreich waren die Pfalzgrafen. Sie mussten 1342 Stadt, Burg und Herrschaft an *Ulrich III.* von Württemberg verkaufen. Tübingen war württembergisch. Das Stadtrecht wurde 1388 verbrieft.
1442 wurde Württemberg in die Grafschaften Stuttgart und Urach geteilt. Tübingen war als Amt, mit Sitz des Gerichts und der Verwaltung, die bedeutendste Stadt der Grafschaft Urach. Der erste Regent der Uracher Linie war *Ludwig I.*, Vater des 1445 geborenen *Eberhard V.* 1450 starb *Ludwig I.* und sein Sohn wurde, noch minderjährig, 1459 auf dem Tübinger Landtag zu seinem Nachfolger erklärt.
Die Grafen der Stuttgarter Linie des Hauses Württemberg erwiesen sich 1482 als nicht mehr regierungsfähig, sie dankten zugunsten von *Eberhard V.* ab.
Die Teilung Württembergs war aufgehoben. Stuttgart wurde Hauptstadt und Tübingen entwickelte sich zum geistig-kulturellen Zentrum.
Kaiser Maximilian erhob 1495 Graf *Eberhard V.* zum Herzog und Württemberg damit zum Herzogtum.

Die Universitätsstadt

Das Bild der Stadt wird geprägt durch die Universität. Beginnend mit dem Bau des Universitätshauses und der Burse, in der ab 1478 die ersten Zöglinge ein studium generale in den sieben freien Künsten absolvieren, entsteht das Gesicht der heutigen Altstadt. Die Kirche St. Georg, später Stiftskirche, erhält ab 1470 ihre jetzige Gestalt, der Chor dient als Festsaal der Universität.
Auf den Hügeln der oberen Stadt und rund um das Rathaus entstehen neue Häuser für die Adligen, Geistlichen, Ehrbaren und Bürger. Auf dem Schulberg bauen die Zisterzienser von Bebenhausen ihren Pfleghof. Mit und von der oberen Stadt leben in der unteren die Gogen, das sind Weingärtner und Handwerker, die in bäuerlichen Anwesen und Fachwerkhäusern wohnen.

Entscheidend für die weitere Entwicklung der Stadt ist die Reformation und die damit verbundene Neustrukturierung der Universität.
Nach vierzehnjähriger österreichischer Herrschaft und unter noch bestehender Lehenshoheit wird *Herzog Ulrich* 1534 wieder Herr über Württemberg. Zur Durchführung der Reformation verfügt er die Aufhebung der Klöster, er zieht das Klostergut ein, auch das von Bebenhausen. Klosterbauten und Teile des eingezogenen Vermögens verwendet er für kulturelle Aufgaben.
Im ehemaligen Augustinerkloster wird 1547 zur Ausbildung von geistlichen und weltlichen Beamten eine Stiftung eingerichtet. *Herzog Christoph* bestimmt diese ab 1557 zum Evan-

gelischen Stift und Unterrichtsort für Theologen, die er zur Reformierung des Landes braucht. Zur Vorbereitung auf das Studium werden evangelische Klosterschulen gegründet, 1556 auch in Bebenhausen.
Herzog Ludwig lässt auf dem Platz des abgebrannten Franziskanerklosters das Collegium bauen, in dem, als Ergänzung zur humanistischen Lehre, Staatsbeamte ausgebildet werden sollen. Sein Nachfolger *Herzog Friedrich I.*, dem Absolutismus eher zugetan als den bisherigen Ergebnissen der Reformation, benennt es 1596 zum Collegium illustre und damit zur Fürstenschule. Hier unterrichtet man bis 1689 den protestantischen Adel Europas in Politik und Naturwissenschaften, modernen Sprachen, und, für eine Ritterakademie wichtig, im Fechten, Reiten und Tanzen. Finanziell besser ausgestattet als die Universität, und für den Lehrkörper damit attraktiver, ist das Collegium eine akademische Konkurrenz innerhalb der Universitätsstadt. In eine wirtschaftlich ernste Situation gerät Tübingen durch die Gründung der Hohen Karls-Schule 1781 durch *Herzog Karl Eugen* in Stuttgart. Die Abhängigkeit von Universität und Stadt wird hier ganz deutlich. Abnehmende Studentenzahl bedeutet sinkende Einnahmen für alle, die Dienstleistungen oder Waren für das tägliche Leben anbieten.
1794 wird die Karls-Schule geschlossen und in Tübingen geht es wieder aufwärts.
In die Alte Burse zieht 1805 die erste Universitätsklinik ein.
Die Gründung des Königreichs Württemberg 1806 erhebt die Universität zur königlichen Institution.
Zu den vier Gründungsfakultäten kommen 1817 eine Staatswissenschaftliche und eine Katholisch-Theologische dazu.
Der Raumbedarf steigt, die Stadttore und Teile der Mauer werden 1829 abgebrochen, die Ammer-Vorstadt wird baulich vergrößert. Den Grundstein für die Neue Aula legt 1841 *König Wilhelm I.* selbst. Die erste Naturwissenschaftliche Fakultät an einer deutschen Universität wird 1863 in Tübingen gegründet. Die Spezialisierung im Bereich Medizin zeigt sich u.a. in den verschiedenen Klinikbauten, die der anderen Fachbereiche in den vielen Instituten und Seminargebäuden. Ab 1875 wird Tübingen Garnisonsstadt, die Südstadt wird durch Kasernen erweitert.
Die Neckarvorstadt wird durch den Durchbruch der Mühlstraße 1885 mit der Ammer-Vorstadt verbunden.

Anfang des 20. Jahrhunderts hat Tübingen 20000 Einwohner und 2500 Studenten. Ab 1904 auch Studentinnen.
Nach der Machtübernahme der Nationalsozialisten muss die Universität nicht diktatorisch gleichgeschaltet werden. Seit der Weimarer Republik deutschnational gesinnt, macht sie das selbst. Nicht das Wissen, sondern das Gewissen mancher Lehrender und Lernender wird kontrolliert. Wer diese Prüfung nicht bestehen will, muss eigene, oft schwierige Wege gehen. Diese Wahl haben die Tübinger Juden nicht, sie werden enteignet und in den Tod getrieben. Ihre Synagoge wird verbrannt. Die Stadt als solche bleibt im Krieg von Zerstörung nahezu verschont. Nach dem Zusammenbruch des Dritten Reichs ist hauptsächlich eine Erneuerung des Geistes notwendig.
Unter französischer Besatzung wird Tübingen Hauptstadt des neugegründeten Landes Württemberg-Hohenzollern. Der Generalgouverneur beruft 1946 eine verfassungsgebende Versammlung ins Kloster Bebenhausen ein, dort tagt der Landtag bis zur Gründung des Landes Baden-Württemberg im Jahr 1952. Stuttgart wird Hauptstadt und in Tübingen geht es mit der Erweiterung der Universität und der Stadt schnell voran. Bald sind Hügel und Täler mit Kliniken und Einrichtungen für Forschung und Lehre, Villen und Wohnsiedlungen bebaut. Heute hat Tübingen 85000 Einwohner und 23000 Studierende, und alles, was eine moderne Gesellschaft und Stadt kennzeichnet und auszeichnet. Und sie selbst wird 1994 ausgezeichnet mit dem „International Making Cities Livable Award". 1995 erhält sie das Prädikat „Stadt in Deutschland mit der höchsten Lebensqualität".
Dazwischen gibt es Kriege, Revolutionen und Revolten, Besetzung und Besatzung, Brände, Hungersnöte und die Pest, und die Geschichte derer, die dies erleben. Und die Geschichten und Erzählungen, in denen Tübingen und die Tübinger beschrieben werden. Das alles lässt sich in einem Vorwort nicht beschreiben. Vieles ist -vergnüglich- nachzulesen.
Den großen Namen vergangener Zeit begegnet man auf dem Weg durch die Stadt, in Gebäuden und Straßen, auf Gedenktafeln und Grabsteinen, als Denkmal oder in philosophischen und theologischen Schriften, Gesetzestexten, literarischen und wissenschaftlichen Werken. Den jetzigen Prominenten begegnet man in Hörsälen, bei Lesungen, bei Predigten und Reden, im Forschungslabor, in wissenschaftlichen Publikationen, Zeitungen und Büchern.

Dies alles, und immer ein Platz für neue Mosaiksteine, ergibt das faszinierende Bild Tübingen.

Nachwort
Eberhard im Bart hat sich mit der Universitätsgründung unsterblich gemacht. Er ist 1496 gestorben und fand 1537 seine letzte Ruhe im Chor der Stiftskirche.

It may be love at first sight for you, too

Tübingen: a mosaic of clear contrasts. The upper and lower cities. The old city and skyscrapers. Narrow lanes and wide thoroughfares. Old thoughts and young ideas. Clichés and poetry. Scientific spirit and humor and a typically Swabian zeal. All this makes Tübingen utterly fascinating. And as you too will be able to discover and observe, here it's possible to study and enjoy everything, from philosophy to a glass of wine, from literature to homemade dumplings.
And when you come back, it will be like a visit to an old love of your youth.

Tübingen: Introduction

Tübingen first appeared in the Chronicle of Trier In 1078. Now the name is on everyone's lips. In the years between, the decisive word was: **attempto** - to dare.
It made Tübingen what it is -
a university.

The courageous orator was the young *Count Eberhard V* (later *im Bart*). He learned to appreciate culture from his mother *Mechthild of the Palatinate* (later *Mechthild of Austria*). Immersed in the spirit of the Renaissance, he became more cultivated through contacts with representatives of Italian Humanism after his marriage to *Barbara Gonzaga of Mantua*, and his interests encompassed literature, art, ancient languages and the religious-philosophical issues of the pre-Reformation period. He recognized the importance of surrounding himself with leaders in these scientific fields. With this new awareness, he dared to go where no other rulers had ever gone before: he founded the University. This was in 1477, when Tübingen was a small city of 3,500 inhabitants.

Why Tübingen? Background

In 1078, the emperor *Henry IV* attacked the fortress, subjugating *Count Hugo of Tübingen.* To safeguard royal rights, in 1146 the counts of Tübingen were named the Palatine Counts of Swabia. In 1187, *Rudolf I* founded the Premonstratensian monastery of Bebenhausen, and had the Cistercians arrive in 1190. With prayers within the walls and hard work, they put into practice their motto, *ora et labora*, and accumulated enormous assets. The Palatine counts had less success. In 1342, they had to sell the city, castle and title to *Ulrich III* of Württemberg. Tübingen had fallen under the control of Württemberg. Civic law dates back to 1388.
In 1442, the Württemberg region was divided into the counties of Stuttgart and Urach. As the seat of the Tribunal and Administration, Tübingen was the most important city in the county of Urach.
The first ruler in the line of Urach was *Ludwig I*, father of *Eberhard V*, born in 1445.
In 1450 Ludwig I died, and in 1459 his son, still a minor, was declared his successor by the regional Diet of Tübingen.

In 1482, the counts from the Stuttgart line of the house of Württemberg proved unable to reign and abdicated to *Eberhard V*, and the division of Württemberg collapsed. Stuttgart became the capital, and Tübingen developed as a spiritual-cultural center.
In 1495, the *emperor Maximilian* granted *Count Eberhard V* the title of duke, and thus Württemberg became a duchy.

The university city

The University molds the city's appearance.
The face of today's old city took form as the university house and the Student Residence Hall were built, where, in 1478, the first students completed a general study of the seven liberal arts. By 1470, the St. George Church, later known as the Collegiate, had assumed its present appearance, with its choir used as a University Hall. New houses for nobles, clergy, respectable personages and citizens rose on the hills of the Upper City and around City Hall. On the Schulberg, the Cistercians of Bebenhausen built their welfare house (the *Pfleghof*). Lower down are the farms and cottages of vine-dressers and artisans.
The reform and reorganization of the city's university were crucial to Tübingen's further development.
In 1534, after fourteen years of Austrian domination and during a time of servitude, *Duke Ulrich* once again became lord of Württemberg. To complete his reforms, he closed the monasteries and confiscated all their property, including that of Bebenhausen. The monastery structures and some of their confiscated property were used for cultural purposes.
In 1547, a foundation for training religious and lay officials was established in the former Augustinian monastery. In 1557, *Duke Christopher* designated it the Evangelical Foundation, a training center for theologians, who were needed to reform the country. Convent schools were founded to prepare them for their studies; in 1556, one was founded

in Bebenhausen as well. *Duke Ludwig* built the College on the ruins of the Franciscan monastery destroyed by fire; state officials would be trained here.
His successor, *Duke Frederick I*, who was more interested in absolutism than in the results of the reform, designated it the *Collegium Illustre* in 1596, and it became a princely school.
Until 1689, it educated Protestant nobles from all over Europe, in political and natural sciences, modern languages, and, an important feature of an academy for young nobles, fencing, horsemanship and dance. With its improved financial situation, the University became more attractive to teachers, and the Collegium became an academic competitor within the university city. Tübingen suffered a serious economic crisis when *Duke Karl Eugen* founded the High Carolingian School in Stuttgart in 1781. The close interdependence between the university and the city became evident; a reduction in the number of students meant less income for anyone who offered services and merchandise for everyday life.
In 1794, when the Carolingian School was closed, the situation in Tübingen began to improve. In 1805, the first university clinic was opened in the Old Student Residence Hall. In 1806, the founding of the kingdom of Württemberg elevated the University to a royal institution.
In 1817, state economics and Catholic theology were added to the four original faculties.
In 1829, as the need for space increased, the city gates and parts of the walls were torn down and the suburb of Ammer was expanded. *King Wilhelm I* laid the first stone for the New Lecture Hall in 1841. The first faculty of Natural Sciences in a German university was founded in Tübingen in 1863. The specialization in medicine was reflected in numerous clinics, and specializations in other sectors could be seen in the many institutes and buildings reserved for seminars. In 1875, Tübingen became a garnison city, and barracks were added to the southern part of town.
The Neckar suburb was connected to the Ammer suburb when the Mühlstraße was opened in 1885.
In the early 20th century, Tübingen had 20,000 inhabitants and 2,500 students. By 1904, some of its students were also women.
After national socialism came to power, the University was happy to oblige, as it had leaned toward national socialism ever since the Weimar Republic. Rather than focusing on education, the conscience of many students and teachers was controlled. Those who did not fall into line had to strike out on their own, and the way was often hard. But it was worse for the Jews of Tübingen, who were deported to their death. Their synagogue was torched. Although the city itself was saved from almost all the destruction of the war, after the fall of the Third Reich, its spirit had to be renewed.
Under French occupation, Tübingen became the capital of the new Land of Württemberg-Hohenzollern. In 1946, the governor general called an assembly in the Bebenhausen monastery, where the Federal Diet met until the Land of Baden-Württemberg was established in 1952. Stuttgart became the capital. In Tübingen, the university and the city itself were rapidly expanded. Clinics and research and teaching structures were quickly built on the hills and in the valleys. Today Tübingen has 85,000 inhabitants, 23,000 students, and everything that characterizes and distinguishes a modern society and city. In 1994 it was awarded the "International Making Cities Livable Award." In 1995, it was designated the German city with the highest quality of life.

In the years between, there were wars, revolutions and revolts, occupations, fires, famines and plagues, and the history of everyone who lived through these events was written in the stories and tales that describe Tübingen and its inhabitants. It is impossible to describe all this in an introduction. Fortunately, much will appear in books.
The great names of the past meet as they pass through the city, in buildings and streets, on commemorative plaques and gravestones, in the form of monuments or in philosophical and theological writings, legal texts, and literary and scientific works. Prominent contemporary names are exchanged in the halls, at lessons, during sermons and discussions, in research laboratories, and in scientific publications, journals and books.

All this gives life to fascinating Tübingen, where there is always a place for new pieces in our mosaic.

Epilogue

The name *Eberhard im Bart* is permanently linked to the foundation of the University. He died in 1496, and in 1537 was finally laid to rest in the choir of the Collegiate.

Vous aussi, vous allez peut-être avoir le coup de foudre

Tübingen, une mosaïque de contrastes évidents et apparents. Des hauts et des bas. La vieille ville et les gratte-ciel. Des ruelles étroites et des grandes avenues. Des traditions et des idées nouvelles. Des formules et des vers. L'esprit scientifique et l'humour et le zèle typiques des Suèves. C'est tout cela qui fait le charme de Tübingen. Un charme que vous pourrez, vous aussi, découvrir et constater: dans cette ville, on peut étudier et savourer de tout, de la philosophie au ballon de vin, de la littérature aux gnocchi faits maison.
Et quand vous reviendrez, ce sera comme si vous retrouviez un amour de jeunesse.

Tübingen: avant-propos

En 1078, Tübingen fait sa première apparition dans la Chronique de Trier. Aujourd'hui, son nom est sur la bouche de tous. Entre les deux, un mot clé: **attempto** - oser.
Car c'est le courage d'oser qui a fait de Tübingen ce qu'elle est:
une université.

Le courageux orateur était le jeune *Comte Eberhard V* (dénommé plus tard *im Bart*). Sa mère *Mechthild du Palatinat* (dénommée plus tard *Mechthild d'Autriche*) lui apprend à apprécier la culture. Plongé dans l'esprit de la Renaissance, il se cultive grâce à ses contacts avec les représentants de l'Humanisme italien suite à son mariage avec *Barbara Gonzague de Mantoue*. Il s'intéresse à la littérature, à l'art, aux langues mortes et aux questions religieuses et philosophiques. Avec beaucoup de clairvoyance, il ose arriver là où d'autres monarques n'étaient jamais arrivés: il fonde l'Université. Nous sommes en 1477, date à laquelle Tübingen n'est encore qu'une petite ville de 3.500 habitants.

Pourquoi Tübingen? Les coulisses d'une décision fondamentale

En 1078, l'*Empereur Henri IV* assiège la forteresse et contraint le *Comte Hugues de Tübingen* à capituler. Pour préserver les privilèges royaux, en 1146, les Comtes de Tübingen sont nommés Comtes Palatins de Suève. En 1187, *Rudolph Ier* fonde le Monastère Prémostratense de Bebenhausen où, en 1190, il fait arriver des cisterciens qui prient et travaillent dur dans la misère, mettant en pratique la devise *"ora et labora"* et accumulant ainsi d'importants patrimoines. Les comtes palatins ont moins de succès. En 1342, ils sont en effet obligés de vendre la ville, le château et leur titre à *Ulrich III* de Wurtemberg. Tübingen tombe donc sous la domination de ce dernier. La rédaction du droit civil date de 1388.
En 1442, la région de Wurtemberg est divisée en deux comtés: Stuttgart et Urach. Le Tribunal et l'Administration sont installés à Tübingen, qui était la ville la plus importante du comté d'Urach.
Le premier régent de la lignée d'Urach est *Ludovic Ier*, père d'*Eberhard V*, né en 1445. En 1450, Ludovic Ier meurt et, en 1459, son fils, encore mineur, lui succède à la tête de la Diète régionale de Tübingen.

En 1482, les comtes de la lignée de Stuttgart de la maison des Wurtemberg se révèlent incapables de régner et abdiquent en faveur d'*Eberhard V*. La subdivision du Wurtemberg n'est plus. Stuttgart devient la capitale et Tübingen se développe en tant que centre spirituel et culturel.
En 1495, l'*Empereur Maximilien* confère au *Comte Eberhard V* le titre de duc, ce qui fait du Wurtemberg un duché.

La ville universitaire

L'aspect de la ville est à l'image de l'Université. Le visage actuel de la vieille ville a pris forme avec la construction de la maison universitaire et de la Maison de l'Etudiant où, à partir de 1478, les premiers élèves étudient les sept arts.
A partir de 1470, l'église Saint Georges, rebaptisée la Collégiale, est telle qu'on la connaît aujourd'hui, et le choeur est utilisé comme Salon de l'Université. Sur les collines de la Ville Haute et autour de l'Hôtel de Ville, de nouvelles maisons de nobles, d'ecclésiastiques et autres personnalités respectables se mettent à pousser. Sur la Schulberg, les cisterciens de Bebenhausen construisent leur maison d'assistance ("Pfleghof"). Plus bas vivent les vignerons et les artisans, qui habitent dans des domaines agricoles et des maisons de paysans.
La réforme et la restructuration de l'université qui lui est associée vont ensuite être décisives pour l'essor de la ville.
Après quatorze ans de domination autrichienne et une période de vassalité, le *Duc Ulrich* redevient seigneur du Wurtemberg en 1534. Dans le cadre de la réforme, il ordonne la suppression des monastères, dont il confisque tous les biens, y compris ceux de Bebenhausen. Les structures des monastères et une partie du patrimoine confisqués sont utilisés à des fins culturelles.
En 1547, dans l'ancien monastère des augustins, on crée une fondation pour la formation de fonctionnaires ecclésias-

tiques et laïques. A partir de 1557, le *Duc Christophe* la désigne Fondation Evangélique et siège de formation des théologiens, dont il a besoin pour réformer le pays. Pour la préparation aux études, on crée des écoles conventuelles, notamment à Bebenhausen en 1556.
Sur les ruines du couvent franciscain détruit par un incendie, le *Duc Ludovic* fait construire le Collège où les fonctionnaires gouvernementaux vont pouvoir parfaire leur formation humaniste. Son successeur, le *Duc Frédéric Ier*, qui s'intéresse plus à l'absolutisme qu'aux résultats de la réforme, le désigne en 1596 "Collegium illustre" et, par suite, école princière. Jusqu'en 1689, on y enseignera aux nobles protestants de toute l'Europe la politique et les sciences naturelles, les langues modernes et, chose importante dans une académie ouverte aux jeunes nobles, l'escrime, l'équitation et la danse. Grâce à une situation financière meilleure que celle de l'Université et donc plus alléchante pour le corps enseignant, le Collegium se révèle un concurrent redoutable au sein de la cité universitaire. Tübingen traverse alors une grave crise économique suite à la fondation à Stuttgart de la Haute Ecole Carolingienne en 1781 à l'initiative du *Duc Charles Eugène.* L'étroite relation d'interdépendance entre l'université et la ville est évidente. Une diminution du nombre d'étudiants se traduit par des revenus moins importants pour tous ceux qui proposent des services et des marchandises pour la vie de tous les jours. En 1794, la situation de Tübingen commence à s'améliorer avec la fermeture de l'Ecole Carolingienne. Dans l'ancienne Maison de l'Etudiant, on ouvre en 1805 la première clinique universitaire. La fondation du Royaume de Wurtemberg, en 1806, élève l'Université au titre d'institution royale.

En 1817, l'économie et la théologie catholique viennent s'ajouter aux quatre facultés d'origine.
Le manque d'espace se fait cruellement sentir, les portes de la ville et une partie des remparts sont démolies en 1829, et le faubourg d'Ammer s'agrandit. La première pierre du Nouvel Amphithéâtre est posée en 1841 à l'initiative du *Roi Guillaume Ier.* La première faculté de Sciences naturelles dans une université allemande est créée en 1863 à Tübingen. La spécialisation en médecine est liée au nombre important de cliniques; la spécialisation dans d'autres secteurs au nombreux instituts et édifices réservés aux séminaires. A partir de 1875, Tübingen devient une ville garnison, et des casernes voient le jour dans la partie sud de la ville.
Le faubourg Neckar est relié au faubourg Ammer par l'ouverture de la Mühlstraße en 1885.

Au début du XXe siècle, Tübingen compte 20.000 habitants et 2.500 étudiants. Les étudiantes n'arriveront qu'en 1904.
Après l'arrivée au pouvoir du parti national-socialiste, l'Université n'a pas besoin d'être obligée de s'aligner. Elle nourrit en effet des idées nationalistes depuis la République de Weimar. Ce ne sont pas les connaissances mais la conscience de certains professeurs et étudiants qui est contrôlée. Ceux qui ne sont pas d'accord sont écartés. Peu appréciés, les juifs de Tübingen sont déportés dans des camps. Leur synagogue est incendiée. La ville est pratiquement épargnée par la destruction de la guerre. Après la chute du Troisième Reich, un changement d'esprit s'impose.
Sous l'occupation française, Tübingen devient la capitale du nouveau pays Württemberg-Hohenzollern. En 1946, le gouverneur général convoque une assemblée constituante dans le couvent de Bebenhausen, où la Diète Fédérale continuera de se réunir jusqu'à la fondation du pays Baden-Württemberg en 1952. Stuttgart devient la capitale. A Tübingen, les travaux d'agrandissement de l'université et de la ville battent leur plein. Sur les collines et dans les vallées, des cliniques et des structures de recherche et d'enseignement voient rapidement le jour, tout comme des villas et des complexes résidentiels. Aujourd'hui, Tübingen accueille 85.000 habitants, 23.000 étudiants et tout ce qui caractérise une société et une ville moderne. En 1994, elle obtient l'International Making Cities Livable Award. En 1995, elle est désignée "Ville d'Allemagne avec la meilleure qualité de vie".
Avant d'arriver à ces résultats, la ville a subi des guerres, des révolutions et des révoltes, des occupations, des incendies, des famines et une épidémie de peste, et a assisté à l'histoire de tous ceux qui ont vécu ces événements. Des histoires et des récits qui nous décrivent Tübingen et ses habitants. Des histoires et des récits qu'il serait présomptueux de vouloir résumer dans un avant-propos.
Heureusement, notre livre ne s'arrête pas là. On retrouve les grands noms du passé en se promenant dans la ville, en visitant des édifices et en arpentant des rues, sur des plaques commémoratives et des pierres tombales, sous forme de monuments ou d'écrits philosophiques et théologiques, des textes de loi, des oeuvres littéraires et scientifiques. Les noms qui comptent à l'aube du troisième millénaire, on les retrouve dans les auditoires, aux leçons, à l'occasion de sermons et de discours, au sein des laboratoires de recherche, sur des ouvrages scientifiques, des magazines ou encore des livres. Tout cela, et bien d'autres choses encore qui viendront s'inscrire dans notre mosaïque, donne à Tübingen un charme fou.

Epilogue

Eberhard im Bart a lié de façon indissoluble son nom à la fondation de l'Université. Il est mort en 1496 et, en 1537, il a enfin trouvé le repos dans le choeur de la Collégiale.

Forse anche per Voi sarà amore a prima vista

Tubinga, un mosaico di contrasti evidenti e apparenti. Alto e basso. Città vecchia e grattacieli. Stretti vicoli e larghe vie di scorrimento. Vecchi pensieri e giovani idee. Formule e versi. Spirito scientifico e umore e zelo tipicamente svevi. Tutto questo rende Tubinga piena di fascino. E come anche voi avrete modo di scoprire e constatare: qui è possibile studiare e gustare di tutto, dalla filosofia al quartino, dalla letteratura agli gnocchi fatti in casa.
E quando ritornerete sarà come una visita ad un vecchio amore di gioventù.

Tubinga: premessa

Nel 1078 Tubinga compare per la prima volta nella Cronaca di Trier. Oggi è sulla bocca di tutti. Negli anni intercorsi ecco la parola decisiva: **attempto** - osare.
Questo ha consentito a Tubinga di diventare quello che è: una università.
Il coraggioso oratore era il giovane *Conte Eberardo V* (successivamente *im Bart*). Dalla madre Mechthild di Palatinato (successivamente Mechthild d'Austria) imparò ad apprezzare la cultura. Immerso nello spirito del Rinascimento e colto grazie ai contatti con rappresentanti dell'Umanesimo italiano in seguito al matrimonio con *Barbara Gonzaga di Mantova*, il suo interesse spaziava tra letteratura, arte, lingue antiche e questioni religioso-filosofiche del periodo pre-riformatore. Riconobbe l'importanza di circondarsi di esponenti di spicco in questi campi scientifici. Con una nuova consapevolezza osò arrivare là dove non erano mai arrivati altri potenti: fondò l'Università. Questo accadeva nel 1477, quando Tubinga era una piccola città di 3.500 abitanti.

Perché proprio a Tubinga? Gli antefatti

Nel 1078 l'*Imperatore Enrico IV* fece assediare la roccaforte, soggiogando il *Conte Ugo di Tubinga*. Per salvaguardare i diritti regi, nel 1146 i Conti di Tubinga furono nominati Conti Palatini di Svevia. Nel 1187 *Rodolfo I* fondò il Monastero Premostratense di Bebenhausen dove nel 1190 fece arrivare dei cistercensi, che con la preghiera tra le mura ed il duro lavoro misero in pratica il loro motto "ora et labora" accumulando ingenti patrimoni. Meno successo riscossero i conti palatini. Nel 1342, infatti, dovettero vendere città, castello e titolo ad *Ulrico III* di Württemberg. Tubinga era passata sotto il Württemberg. La stesura del diritto civico risale al 1388.
Nel 1442 la regione del Württemberg venne divisa nelle contee di Stoccarda e Urach. Scelta come sede del Tribunale e dell'Amministrazione, Tubinga divenne la città più importante della contea di Urach.
Il primo reggente della linea di Urach fu *Ludovico I*, padre di *Eberardo V*, nato nel 1445. Nel 1450 *Ludovico I* morì, e nel 1459 suo figlio, ancora minorenne, fu dichiarato suo successore dalla Dieta regionale di Tubinga.
Nel 1482 i conti della linea di Stoccarda della casa dei Württemberg si rivelarono incapaci di regnare e abdicarono a favore di *Eberardo V*. Veniva così a cadere la suddivisione del Württemberg. Stoccarda divenne capitale e Tubinga si sviluppò come centro spirituale-culturale.
Nel 1495 l'*Imperatore Massimiliano* conferì al Conte *Eberardo V* il titolo di duca, e di conseguenza il Württemberg divenne un ducato.

La città universitaria

L'aspetto della città è plasmato dall'Università. Il volto dell'attuale città vecchia prende forma con la costruzione della casa universitaria e della Casa dello Studente in cui, a partire dal 1478, i primi allievi concludono uno studio generale sulle sette libere arti. A partire dal 1470 la Chiesa di San Giorgio, successivamente designata la Collegiata, assume il suo aspetto attuale, dove il coro è utilizzato come Salone dell'Università. Sulle colline della Città Alta e intorno al Municipio sorgono nuove case per i nobili, gli ecclesiastici, le personalità rispettabili e i cittadini. Sulla Schulberg i cistercensi di Bebenhausen edificano la loro casa di assistenza ("Pfleghof"). Più in basso vivono vignaioli e artigiani, che abitano in tenute agricole e casolari.
Decisive per l'ulteriore sviluppo della città sono la riforma e la ristrutturazione dell'università ad essa associata.
Dopo quattordici anni di dominio austriaco e in un'epoca di vassallaggio, il *Duca Ulrico* ridiventa signore del Württemberg nel 1534. Per la realizzazione della riforma dispone la soppressione dei monasteri, ne confisca tutti i beni, anche quelli di Bebenhausen. Le strutture dei monasteri e parti del patrimonio confiscato vengono utilizzate per fini culturali.
Nel 1547, nell'ex-monastero agostiniano viene creata una fondazione per la formazione di funzionari ecclesiastici e laici. A partire dal 1557 il *Duca Cristoforo* la designa come Fondazione Evangelica e sede di formazione dei teologi, di cui necessita per riformare il Paese. Per la preparazione allo studio vengono fondate scuole conventuali, nel 1556 anche

a Bebenhausen. Il *Duca Lodovico* fa costruire sulle rovine del convento francescano distrutto da un incendio il Collegio, in cui, a complemento dell'insegnamento umanistico, verranno formati i funzionari statali. Il suo successore, il *Duca Federico I*, interessato più all'assolutismo che ai risultati della riforma, lo designa nel 1596 "Collegium illustre" e di conseguenza scuola principesca. Qui, fino al 1689, si insegnano ai nobili protestanti di tutta Europa politica e scienze naturali, lingue moderne e, aspetto importante in una accademia per giovani nobili, scherma, equitazione e danza. Versando in una situazione finanziaria migliore dell'Università e risultando quindi più allettante per il corpo di docenti, il Collegium rappresenta una concorrenza accademica all'interno della città universitaria. Tubinga entra in una grave crisi economica con la fondazione a Stoccarda dell'Alta Scuola Carolingia nel 1781 ad opera del *Duca Carlo Eugenio.* Lo stretto rapporto di interdipendenza tra università e città è evidente. Una riduzione del numero di studenti significa meno redditi per tutti coloro che offrono servizi e merci per la vita di tutti i giorni.
Nel 1794, con la chiusura della Scuola Carolingia, a Tubinga la situazione comincia a migliorare. Nella Vecchia Casa dello Studente viene aperta nel 1805 la prima clinica universitaria. La fondazione del Regno di Württemberg, nel 1806, eleva l'Università ad istituzione reale.
Nel 1817, alle quattro facoltà originarie si aggiungono economia statale e teologia cattolica.
Il fabbisogno di spazio aumenta, le porte della città e parti delle mura vengono smantellate nel 1829, il sobborgo di Ammer viene ampliato. La prima pietra per la Nuova Aula viene posata nel 1841 dallo stesso *Re Guglielmo I*. La prima facoltà di Scienze naturali in una università tedesca viene istituita nel 1863 a Tubinga. La specializzazione in medicina trova riscontro, tra l'altro, nelle numerose cliniche; la specializzazione in altri settori, nei molti istituti ed edifici riservati ai seminari. A partire dal 1875 Tubinga diventa città presidio, la città meridionale viene ampliata con caserme.
Il sobborgo Neckar viene collegato al sobborgo Ammer con l'apertura della Mühlstraße nel 1885.
All'inizio del XX secolo Tubinga aveva 20.000 abitanti e 2.500 studenti. A partire dal 1904 anche studentesse.
Dopo la salita al potere dei nazionalsocialisti, l'Università non deve essere obbligata ad allinearsi. Orientata verso idee nazionalistiche fin dalla Repubblica di Weimar, lo fa da sola. Non la conoscenza bensì la coscienza di alcuni docenti e studenti viene controllata. Chi non intende superare questa prova è costretto ad imboccare vie solitarie e spesso difficili. Non hanno questa scelta gli ebrei di Tubinga, che vengono deportati verso la morte. La loro sinagoga viene incendiata. La città viene praticamente risparmiata dalla distruzione della guerra. Dopo la caduta del Terzo Reich è necessario un rinnovamento dello spirito.
Sotto l'occupazione francese, Tubinga diventa capitale della nuova regione Württemberg-Hohenzollern. Nel 1946 il governatore generale convoca un'assemblea costituente nel convento di Bebenhausen, dove la Dieta Federale si riunirà fino alla fondazione della regione Baden-Württemberg, nel 1952. Stoccarda diventa capitale. A Tubinga si procede rapidamente con l'ampliamento dell'università e della città stessa. In breve tempo, sulle colline e nelle valli, vengono costruite cliniche e strutture per la ricerca e l'insegnamento, ville e centri residenziali. Oggi Tubinga conta 85.000 abitanti, 23.000 studenti e tutto quello che caratterizza e contraddistingue una società ed una città moderne. Nel 1994 si aggiudica l'"International Making Cities Livable Award". Nel 1995 viene designata "Città della Germania con il livello di qualità di vita più elevato".

Nel frattempo si sono susseguite guerre, rivoluzioni e rivolte, occupazioni, incendi, carestie e la peste, e le storie di tutti coloro che hanno vissuto questi eventi. Le storie e i racconti che ci descrivono Tubinga e i suoi abitanti. Tutto questo non può essere descritto in una premessa. Molto - fortunatamente - viene letto sui libri.
I grandi nomi del passato si incontrano camminando per la città, in edifici e strade, su targhe commemorative e pietre tombali, sotto forma di monumenti o in scritti filosofici e teologici, testi di legge, opere letterarie e scientifiche. I nomi prominenti contemporanei si incontrano negli uditori, alle lezioni, in occasione di prediche e discorsi, nei laboratori di ricerca, su pubblicazioni scientifiche, giornali e libri.

Tutto questo, ma sempre con un posto libero per nuove tessere del nostro mosaico, dà vita all'affascinante Tubinga.

Epilogo

Eberardo im Bart ha indissolubilmente legato il proprio nome alla fondazione dell'Università. E' morto nel 1496 e nel 1537 ha trovato definitivamente riposo nel coro della Collegiata.

Hölderlinturm

Ein kleines Zimmer, einem Amphitheater ähnlich, mit Fenstern zu den drei Seiten des Tageslichts und Blick über Neckar und Steinlachtal, war das Refugium für Friedrich Hölderlin (1770-1843). Die letzten 36 Jahre seines Lebens verbrachte er, seelisch leidend, dichtend und sinnierend, hier im Haus der Familie des Tischlermeisters Zimmer, die ihn bewunderte und umsorgte. Hier entstanden die Turmgedichte, u.a. die Lyrik-Variationen Frühling, Sommer, Herbst und Winter, die er mit Phantasiedaten versah, und mit Scardanelli unterzeichnete. Über sein Werk und Leben informiert das Museum im Turm.

Hölderlin Tower
A small room, similar to an amphitheater, with sunlit windows on three sides and a view of the Neckar and Steinlachtal, was the refuge of Friedrich Hölderlin (1770-1843). He spent the last 36 years of his life here, mentally ill and occupied with writing and meditation, in the family home of the carpenter Zimmer, who admired and cared for him. Here he wrote the Poems of the Tower, with their lyrical variations Spring, Summer, Autumn and Winter, which he identified with imaginary dates and signed under the name Scardanelli. You will find detailed information on his works and life in the Tower Museum.

La Tour d'Hölderlin
Dans cette petite pièce, semblable à un amphithéâtre, dont les fenêtres sont tournées vers la lumière du soleil et donnent sur le Neckar et sur la Steinlachtal, Friedrich Hölderlin (1770-1843) venait trouver refuge. Il a en effet passé les 36 dernières années de sa vie ici, éprouvé sur le plan psychologique, plongé dans l'écriture et dans la méditation, dans la maison familiale du menuisier Zimmer, qui l'admirait et prenait soin de lui. C'est ici qu'il a écrit les Poésies de la Tour, et notamment les variations lyriques Printemps, Eté, Automne et Hiver, qu'il data de façon fantaisiste et signa du nom de Scardanelli. Dans le Musée de la Tour, vous trouverez des informations détaillées sur son oeuvre et sur sa vie.

La Torre di Hölderlin
Una piccola camera, simile ad un anfiteatro, con finestre rivolte su tre lati alla luce del sole e con vista sul Neckar e sulla Steinlachtal, era il rifugio di Friedrich Hölderlin (1770-1843). Gli ultimi 36 anni della sua vita li ha trascorsi qui, psicologicamente provato, impegnato nella scrittura e nella meditazione, nella casa della famiglia del falegname Zimmer, che lo ammirava e si prendeva cura di lui. Qui nacquero le Poesie della Torre, tra cui le variazioni liriche Primavera, Estate, Autunno e Inverno, che identificò con date di fantasia e firmò con il nome di Scardanelli. Nel Museo della Torre troverete informazioni dettagliate sulla sua opera e sulla sua vita.

Holzmarkt

Auf das Brautportal der Stiftskirche und die Treppe konnte schon Hermann Hesse schauen, der im Haus gegenüber, bei der Buchhandlung Heckenhauer, von 1895 bis 1898 eine Lehre machte. Die Treppe wurde 1841 angelegt, anstelle der hohen Mauer, deren Reste den östlichen Teil der Kirche umschließen. An ihr erinnert seit 1983 eine Gedenktafel an die vertriebenen und ermordeten Juden Tübingens. Der steinerne Georgsbrunnen ist erst seit 1976 so zu bewundern. Der Holzmarkt ist Treffpunkt für viele, Standplatz für Märkte und Musikanten. Von ihm hat man Blick und Zugang zur Münzgasse, zum Marktplatz, zur Unteren Stadt, in die Neue Straße, zum Pfleghof und zur Neckargasse.

Holzmarkt
Hermann Hesse, who spent some time (1895-1898) as an apprentice in the opposite house at the Heckenhauer bookseller, also enjoyed the view of the Collegiate's nuptial gate and stairway. The stairway was built in 1841, replacing the old wall, whose remains surround the eastern portion of the church. In 1983, a slab was placed here to commemorate the Jews of Tübingen who were deported and killed. St. George's fountain, made of stone, has been here only since 1976. The Holzmarkt is a meeting place for many, a market site and place for musicians to play. It has an excellent view, and from it you can reach the Münzgasse, the Marktplatz, the Lower City, the New Street, the Pfleghof and Neckargasse.

Holzmarkt
Hermann Hesse, qui séjourna chez le libraire Heckenhauer, qui habitait en face et qui le prit comme apprenti entre 1895 et 1898, a lui aussi pu profiter de la vue sur le portail nuptial de la Collégiale et sur l'escalier. Escalier réalisé en 1841 en lieu et place d'un vieux mur, dont les vestiges encerclent la partie Est de l'église. Depuis 1983, une plaque commémore les juifs de Tübingen déportés et massacrés. La Fontaine Saint Georges en pierre n'existe que depuis 1976. Nombreux sont ceux qui se donnent rendez-vous sur l'Holzmarkt, qui accueille aussi un grand nombre de marchés et où les musiciens viennent donner un aperçu de leur talent. On y a une vue splendide et elle donne accès à la Münzgasse, à la Place du Marché, à la Ville Basse, à la Nouvelle Rue, à la Pflegof et à la Neckargasse.

Holzmarkt
Della vista sul portone nuziale della Collegiata e sulla scala ha potuto godere anche Hermann Hesse, che soggiornò per un periodo di apprendistato nella casa di fronte, presso il libraio Heckenhauer, precisamente dal 1895 al 1898. La scala è stata realizzata nel 1841, in luogo del vecchio muro, i cui resti circondano la parte orientale della chiesa. Dal 1983 una tavola commemora gli ebrei di Tubinga deportati e uccisi. La Fontana di San Giorgio in pietra può essere ammirata solo dal 1976. L'Holzmarkt è per molti un punto d'incontro, sede di mercati e luogo di esibizione di musicanti. Da qui si gode di una splendida vista e si può accedere alla Münzgasse, alla Piazza del Mercato, alla Città Bassa, alla Strada Nuova, alla Pfleghof e alla Neckargasse.

Stiftskirche

Die Schlusssteine im Chorgewölbe weisen noch einmal darauf hin, was man in und an den Mauern und Fenstern sehen kann: die Patrone der Kirche. Sie ist dem Hl. Georg geweiht. Eines seiner Martyrien stellt der Geräderte dar. Die Zugehörigkeit zum Besitz der Zisterzienser von Bebenhausen wird verdeutlicht durch ihre Schutzheilige Maria. Graf Eberhard bewirkte neue Vermögensverhältnisse, fundiert mit der Verlegung des Sindelfinger Chorherrenstifts St. Martin nach Tübingen, und eine Umwidmung zur Stiftskirche. Der Chor wurde zur Grablege des Hauses Württemberg. Das Langhaus ist ein Ort für Auge und Ohr. Den Altarraum zieren der Lettner, ein Flügelaltar, der reichverzierte Taufstein von 1497 und die spätgotische Steinkanzel. Gottesdienste und Reden zu feierlichen Anlässen, Konzerte und Führungen sind der vernehmbare Ausdruck kirchlicher und weltlicher Begegnung.

The Collegiate
The keystones visible in the choir vault resemble those in the walls and windows: the Patron Saints of the Church.
It is dedicated to St. George, who was tortured on the wheel as one of his martyrdoms. The Patron Saint Mary is clear evidence that Bebenhausen belongs to the Cistercians. Count Eberhard procured new properties, financed with the transfer of the Sindelfinger canonical foundation of St. Martin to Tübingen, renewing his dedication to the Collegiate. The choir became the burial place for the House of Württemberg. The Langhaus is worth seeing and hearing. The altar room is adorned with a pier, a triptych, a font richly decorated in 1497 and a late Gothic stone pulpit. The religious functions and discussions that take place on holidays, the concerts and guided tours, are a clear juxtaposition of the religious and secular worlds.

La Collégiale
Les clés de voûte visibles de la voûte du choeur rappellent ce que l'on peut également voir sur les murs et aux fenêtres: les Saints Patrons de l'Eglise. Elle est dédiée à Saint Georges, qui subit notamment le supplice de la roue. La Sainte Patronne Marie témoigne de l'appartenance aux cisterciens de Bebenhausen. En transférant la fondation canonique Sindelfinger de Saint Martin à Tübingen, le comte Eberhard redonne à la Collégiale sa splendeur d'origine. Le choeur devient le lieu de sépulture de la maison Württemberg. La Langhaus est un véritable plaisir des yeux et de l'ouïe. La salle de l'autel est agrémentée d'un triptyque, de fonds baptismaux richement décorés de 1497 et d'un pupitre en pierre en style gothique tardif. Les fonctions religieuses et les discours qui se tiennent à l'occasion des fêtes, les concerts et les visites guidées reflètent pleinement le contraste entre les univers religieux et profane.

La Collegiata
Le chiavi di volta visibili nella volta del coro richiamano quello che si può notare anche sui muri e alle finestre: i Santi Patroni della Chiesa. E' dedicata a San Giorgio. Il supplizio della ruota è uno dei suoi martiri. L'appartenenza ai cistercensi di Bebenhausen appare evidente dalla Santa Patrona Maria. Il conte Eberardo procurò nuove situazioni patrimoniali, finanziate con il trasferimento della fondazione canonica Sindelfinger di San Martino a Tubinga, ridedicandosi alla Collegiata. Il coro divenne il luogo di sepoltura della casa Württemberg. La Langhaus è un luogo che appaga la vista e l'udito. La sala dell'altare è decorata dal pontile, da un trittico, dalla fonte battesimale riccamente decorata del 1497 e dal pulpito in pietra tardogotico. Le funzioni religiose e i discorsi che si tengono in occasione delle feste, i concerti e le visite guidate sono l'evidente espressione di una contrapposizione tra il mondo religioso e quello profano.

POSTWEILER

Evangelisches Stift

Das ehemalige Augustinerkloster, dessen bauliche Anlage noch zu erkennen ist, wurde ab 1557 das Stipendium zu Tübingen für begabte Söhne des Landes, die Theologie studieren wollten oder sollten. Trotz zeitweiliger geistiger Enge wurde das Stift als Keimzelle für Dichter und Denker bekannt. Nicht alle Stiftler wurden berühmt, und nicht alle berühmten Stiftler wurden Theologen. (Kepler, Hegel, Schelling, Hölderlin, Hauff, Mörike u.a.). Viele haben den Protestantismus und das Denken erhellt; dazu sind seit 1969 auch Frauen zugelassen.

The Evangelical Foundation
In 1557, this former Augustinian monastery, whose structural plan is still evident, became a scholarship to Tübingen for all gifted sons of the Land who wanted or were required to study theology. Despite a temporary spiritual narrowness, the foundation is known as an incubator for great writers and thinkers. Not all beneficiaries of the foundation became famous, and not all of them who became famous became theologians (Kepler, Hegel, Schelling, Hölderlin, Hauff, Mörike and others). Many illuminated Protestantism and philosophy; women have been admitted since 1969.

La Fondation Evangélique
A partir de 1557, l'ancien couvent augustinien, dont la structure est encore reconnaissable, offrit une bourse d'étude à tous les fils du pays qui voulaient ou devaient étudier la théologie. En dépit d'un manque de vocation spirituelle temporaire, la fondation est célèbre pour avoir accueilli de grands écrivains et de grands penseurs. Tous les bénéficiaires de la fondation ne sont pas devenus fameux et tous les personnages illustres qui y ont étudié ne sont pas devenus pour autant des théologiens (Kepler, Hegel, Schelling, Hölderlin, Hauff, Mörike et d'autres). La plupart ont éclairé le protestantisme et la pensée; les femmes n'y sont admises que depuis 1969.

La Fondazione Evangelica
L'ex-convento agostiniano, il cui impianto strutturale è tuttora riconoscibile, divenne a partire dal 1557 la borsa di studio a Tubinga per tutti i figli dotati della regione, che volevano o dovevano studiare teologia. Nonostante una temporanea angustia spirituale, la fondazione è nota come incubatrice di grandi scrittori e pensatori. Non tutti i beneficiari della fondazione sono diventati famosi e non tutti coloro che sono assurti alla notorietà sono diventati teologi (Keplero, Hegel, Schelling, Hölderlin, Hauff, Mörike e altri). Molti hanno illuminato il protestantesimo ed il pensiero; dal 1969 sono ammesse anche le donne.

Das Cotta-Haus: Bescheidenes Ambiente mit Weltruf

The World Famous Cotta Publishing House

Un lieu exclusif de renommée mondiale

Ambiente riservato di fama mondiale

Von hier gingen die Klassiker in alle Welt. Wegen des Verlagsbuchhändlers Cotta war Goethe zu Besuch in Tübingen, das ihm wegen des Unrats in den Straßen nicht gefiel. Ein pfiffiger Student nahm dies zum Anlass für eine Gedenktafel. Sie ist am Martinianum angebracht, dem Haus, das als Stiftung weniger betuchten Studenten Unterkunft und Verpflegung bot. Die Burse ist das älteste Universitätsgebäude, das erste Studenten- und Dozentenwohnheim. Hier lehrte und wohnte Philipp Melanchthon von 1512-1528.

The most famous classics departed for the world from here. Goethe visited Tübingen to go to the Cotta publishing house, but did not like Tübingen because of its dirty streets. A clever student took this opportunity for a commemorative plaque. The plaque hangs in the Martinianum, the house where a few especially gifted students received food and lodging. The Student Residence Hall is the oldest university building, the first hostel for students and teachers. Philipp Melanchthon taught and lived here from 1512 to 1528.

Les classiques les plus célèbres sont passés par ici. C'est justement pour rendre visite à l'éditeur Cotta que Goethe visita Tübingen, qui lui déplut profondément en raison de la saleté des rues. Un étudiant rusé en profita pour y apposer une plaque commémorative. Plaque qui est apposée dans le Martinianum, là où quelques rares étudiants particulièrement doués étaient nourris et logés. La Maison de l'Etudiant est le plus ancien édifice universitaire, la première auberge pour les étudiants et les professeurs. Philipp Melanchthon enseigna et vécut ici de 1512 à 1528.

Da qui partirono per il resto del mondo i classici più famosi. Proprio per recarsi dall'editore Cotta, Goethe visitò Tubinga, che tuttavia non gli piacque per la sporcizia presente nelle strade. Un furbo studente colse questa occasione per una targa commemorativa. Questa targa è apposta nel Martinianum, la casa dove pochi studenti particolarmente dotati ricevevano vitto e alloggio. La Casa dello Studente è il più vecchio edificio universitario, il primo ostello per studenti e docenti. Qui insegnò e abitò Philipp Melanchthon dal 1512 al 1528.

Impressionen

Beim Gang durch die Gassen lohnt sich auch ein Blick nach oben zu den verschiedenartigen Fachwerken, zu Erkern und Verzierungen, zu den farblich abgestimmten klassizistischen Fassaden und Holzbemalungen, oder zu den alten Wirtshausschildern. Üppiger Blumenschmuck ziert viele Balkone und Fenster. Künstlerische Figuren und hübsche Brunnen verschönern manchen Platz, kleine Vorgärten manches Haus mitten in der Altstadt.
Kleine Brücken und Gässchen, Passagen und Arkaden verkürzen den Weg zu den einladenden Kneipen, Weinstuben, Straßencafés, Galerien, Kunstwerkstätten oder Geschäften.

Impressions
Walking down the lanes, take a look up and admire the variety of trestle beams, bow windows and decorations, façades rendered classical by harmonious colors and wood paintings, or else stop and examine the old tavern signs. Luxuriant flowers decorate numerous balconies and windows. Artistic figures and graceful fountains embellish several squares and small gardens outside the residences in the center of the Old City.
Small bridges and alleys, passageways and arcades offer shortcuts to inviting taverns, inns, cafes, galleries, craft shops and stores.

Agréables sensations
En vous promenant dans les ruelles, n'oubliez pas de lever les yeux pour admirer les poutres en treillis en tout genre, les bow-windows et les décorations, les façades classiques dans des coloris assortis et les peintures sur bois, ou de jeter un coup d'oeil sur les vielles enseignes des tavernes. Une flore luxuriante agrémente de nombreux balcons et fenêtres. Des figures artistiques et des fontaines délicieuses ornent certaines places et petits jardins du centre de la Vieille Ville.
Des petits ponts et des ruelles, des passages et des arcades proposent des raccourcis qui vous mèneront à d'invitantes tavernes, auberges, cafés, galeries, boutiques artisanales et magasins en tout genre.

Impressioni
Passeggiando tra i vicoli vale la pena rivolgere lo sguardo verso l'alto per ammirare travi a traliccio di vario genere, bovindi e decorazioni, facciate classicheggianti dai colori in tono e pitture lignee, oppure soffermarsi sulle vecchie insegne delle taverne. Una flora rigogliosa decora numerosi balconi e finestre. Figure artistiche e deliziose fontane abbelliscono alcune piazze e piccoli giardini antistanti le abitazioni nel centro della Città Vecchia.
Piccoli ponti e viuzze, passaggi e arcate offrono scorciatoie per raggiungere invitanti taverne, osterie, caffè, gallerie, botteghe artigiane e negozi.

LÖWEN
EINGANG
FILM-THEATER
Seuffer's B
SEUFFER

Blick von der Stiftskirchenmauer

Der Pfleghof war Sitz der Verwaltung, Lager für die Erträge aus der landwirtschaftlichen Arbeit und Handelszentrale der Zisterzienser des Klosters Bebenhausen. Ein äußeres Zeichen ihres Besitzes ist die Sandsteinplastik ihrer Schutzheiligen Maria mit dem Kind. Von der Pfleghofstraße kommt man in den Innenhof der eindrucksvollen dreiflügeligen Anlage. Das große alleinstehende Haus diente dem Abt als Stadtwohnung.
Gegenüber dem Pfleghof ein aufwendig renoviertes, mittelalterliches Fachwerkhaus, und an der Ecke zur Neuen Straße eines der klassizistischen Gebäude, die nach dem Brand von 1789 erbaut wurden. In diesem hier befindet sich eine der zwanzig Buchhandlungen der „Stadt des Buches seit 1498".

View from the Collegiate Walls
The Pfleghof acted as administration headquarters, a storehouse for agricultural crops, and a trade center for the Cistercians of the Bebenhausen monastery. An outer sign of their presence is the sandstone sculpture of the guardian Saint Mary and Child. From Pfleghofstraße, you'll come to the inner courtyard of this impressive three-winged structure. The great isolated house was used as a city residence for the abbot.
Across from the Pfleghof is a richly rebuilt medieval artisan house, and on the corner of the New Street is one of the classical buildings constructed after the fire of 1789. Here you will find one of 20 bookstores in the "City of Books since 1498."

Vue des murs de la Collégiale
Pour les cisterciens du monastère de Bebenhausen, la Pfleghof faisait office de siège administratif, de lieu de dépôt des rentes dérivant de l'agriculture et de centre commercial. La sculpture en grès de la sainte protectrice Marie à l'Enfant témoigne de leur présence. De la Pfleghofstraße, on arrive dans la cour intérieure de l'impressionnante construction à trois ailes. L'abbé habitait dans cette grande maison isolée lorsqu'il venait en ville.
En face de la Pfleghof se dressent une maison artisanale médiévale richement structurée et, à l'angle de la Nouvelle rue, un des édifices classiques construits après l'incendie de 1789. On y trouve une des vingt librairies de la "Cité du Livre depuis 1498".

Vista dalle mura della Collegiata
La Pfleghof fungeva da sede amministrativa, deposito delle rendite derivanti dall'agricoltura e centro commerciale dei cistercensi del monastero di Bebenhausen. Un segno esteriore della loro presenza è la scultura in arenaria della santa protettrice Maria con il Bambino. Dalla Pfleghofstraße si arriva al cortile interno dell'impressionante costruzione a tre ali. La grande casa isolata era utilizzata come abitazione cittadina dell'abate.
Di fronte alla Pfleghof troviamo una casa artigiana medievale riccamente ristrutturata e all'angolo con la Strada Nuova uno degli edifici classici costruiti dopo l'incendio del 1789. Qui si trova una delle venti librerie della "Città del Libro dal 1498".

Der Marktplatz

Er ist das Atrium der Altstadt. Empfangshalle, Kundgebungsort, Ausgangspunkt für Demonstrationen, Platz für Tag- und Nachtschwärmer, Standort für Märkte aller Art, Tauschplatz für Neuigkeiten oder Antiquitäten, Sitzplatz für optische oder kulinarische Genießer. Das Rathaus tritt anstelle eines Sakralbaus, und der Anblick ist nicht nur Tübingern „heilig".
Im Brunnen kann man sich aber nur die eisverklebten Hände reinigen. Auf ihm wacht Neptun, dass keiner aus der Reihe tanzt, weder eine der liebevoll erhaltenen oder stilgetreu bemalten Fachwerkfassaden, noch Besucher beim open air Festival AfroBrasil. Die Frauengestalten am Brunnen verkörpern die vier Jahreszeiten, zu denen hier immer etwas Besonderes geboten wird.

The Market Place
This is the entry to the Old City. It's a reception area, a location for events, a departure point for demonstrations, the preferred place for daydreamers and night dreamers, the home of markets of every kind, a place to exchange new and old, and the favorite square for anyone who likes to observe and savor. The city hall occupies the site of a religious building, a view that is "venerated" not only by the inhabitants of Tübingen.
But in the fountain, all you can do is wash the ice cream from your hands. In fact, overlooking the fountain, Neptune makes sure that everyone toes the line, from the well-preserved trestle façades and stylishly painted housefronts, to the visitors, to the African-Brazilian open air festival. The female figures in the fountain represent the four seasons, and someone is always making a special wish to them here.

La Place du Marché
C'est l'entrée de la Vieille Ville. Site d'accueil, de manifestations, point de départ des démonstrations, lieu privilégié des rêveurs diurnes et nocturnes, zone de marchés en tout genre, lieu d'échange de nouveautés ou d'antiquités, c'est la place préférée de tous ceux qui aiment observer et savourer le quotidien. L'Hôtel de Ville se trouve dans un édifice sacré, une vision "vénérée" des habitants de Tübingen et des autres.
On ne peut toutefois que se laver les mains sales de glace dans la fontaine. Du haut de son piédestal, Neptune surveille en effet que tout reste à sa place, des façades à treillis habilement conservées ou peintes en style aux visiteurs de l'open air festival afro-brésilien. Les figures féminines de la fontaine représentent les quatre saisons, auprès desquelles d'aucuns expriment toujours un souhait.

La Piazza del Mercato
E' l'ingresso alla Città Vecchia. Area di ricevimento, sede di manifestazioni, punto di partenza delle dimostrazioni, luogo prediletto da sognatori diurni e notturni, sede di mercati di tutti i tipi, luogo di scambio di novità o antichità, piazza preferita da tutti coloro che amano osservare e degustare. Il municipio occupa il posto di un edificio sacro, una vista "venerata" non solo dagli abitanti di Tubinga.
Nella fontana, tuttavia, è concesso solo pulirsi le mani sporche di gelato. Dall'alto della fontana, infatti, Nettuno controlla che nessuno esca dalle righe, né le facciate a traliccio amabilmente conservate o dipinte in stile, né i visitatori dell'open air festival afrobrasiliano. Le figure femminili della fontana rappresentano le quattro stagioni, alle quali qui viene sempre espresso qualche desiderio particolare.

VOLKSBANK

Rathaus

Kann man bildlich anders sagen, als in schön gemalten Frauengestalten, was Tübingen bedeutend machte?:
Gerechtigkeit, Ackerbau und Wissenschaft.
Die Sgraffitomalereien der Fassade erzählen noch mehr. Von bedeutenden Männern, die sich mit Verstand und Leben für die Stadt einsetzten.(Breuning, Osiander, Dann, Huber, Cotta, Uhland) Und von der entschlossenen Haltung Graf Eberhards. Am Ziergiebel kann man an der astronomischen Uhr Experimentierfreudigkeit und Erfolg (1511) des Mathematikers Johannes Stöffler ablesen. Die Bacchantin ist sinnenfroher Ausdruck für die Bedeutung des Weinanbaus und Weinhandels.
Ins Innere ist ein Blick erlaubt. Wie auf Ausgleich bedacht, präsentieren sich die farbenprächtig bemalten Sitzungssäle und im „Öhrn" die Gerechtigkeitsbilder in Grisaillemalerei. Von 1514 bis 1806 tagte hier das württembergische Hofgericht.

The City Hall
Metaphorically, it is difficult to express what has made Tübingen important better than the female figures so amiably painted here:
Justice, Agriculture and Science.
The graffito paintings on the façade say even more. They speak of important men who put their minds and lives at the city's service (Breuning, Osiander, Dann, Huber, Cotta, Uhland). And they speak resolutely of Count Eberhard. On the decorated tympanum, the astronomical clock testifies to the mathematician Johannes Stöffler's love for experiments and success (1511). The Maenad sensually expresses the importance of grape growing and the wine trade.You can take a look inside. You'll be rewarded by the colorfully painted walls in the meeting rooms and grisaille images of justice. The Court Tribunal of Württemberg met here from 1514 to 1806.

L'Hôtel de Ville
Sur le plan métaphorique, il est difficile d'exprimer mieux que ne le font les figures féminines peintes ici:
Justice, Agriculture et Science
ce qui a fait de Tübingen une ville importante.
Les peintures murales de la façade en disent encore plus long. Elles parlent des grands hommes qui ont mis leur raison et leur vie au service de la ville (Breuning, Osiander, Dann, Huber, Cotta, Uhland). Ils parlent de la fermeté du comte Eberhard. Sur le tympan décoré, l'horloge astronomique témoigne de l'amour pour les expériences et le succès (1511) du mathématicien Johannes Stöffler. La bacchante exprime avec beaucoup de sensualité l'importance de la viticulture et du commerce du vin.
Il est possible de jeter un coup d'oeil à l'intérieur. Par compensation, les salles des séances sont abondamment agrémentées de couleurs et d'images de la justice en grisaille en "Öhrn". Entre 1514 et 1806, le Tribunal de Cour du Wurtemberg se réunissait ici.

Il Municipio
Metaforicamente è difficile esprimere ciò che ha reso importante Tubinga con efficacia pari alle figure femminili qui amabilmente dipinte:
Giustizia, Agricoltura e Scienza.
I dipinti a graffito della facciata dicono ancora di più. Parlano di uomini importanti, che hanno messo la loro ragione e la loro vita al servizio della città (Breuning, Osiander, Dann, Huber, Cotta, Uhland). E parlano della risolutezza del conte Eberardo. Sul timpano decorato, l'orologio astronomico testimonia l'amore per gli esperimenti ed il successo (1511) del matematico Johannes Stöffler. La baccante esprime sensualmente l'importanza della viticoltura e del commercio del vino.E' possibile dare un'occhiata all'interno. Per compensazione, le sale delle sedute sono dipinte con abbondanza di colori ed in "Öhrn" con le immagini della giustizia in grisaglia. Dal 1514 al 1806 qui si riuniva il Tribunale di Corte del Württemberg.

MARQU

Schloss Hohentübingen

Die Burg der Pfalzgrafen wurde im 16. Jh. zu einer Festung und Residenz der Herzöge umgebaut. Das untere Schlosstor gleicht einem Triumphbogen, gekrönt vom Schild mit dem herzoglichen Wappen, reich verziert und eingerahmt mit den Zeichen des englischen Hosenbandordens und des französischen Michaelsordens, beidseits bewacht von einem bewehrten Landsknecht. Das Schloss war ziemlich verfallen, als es 1816 der Universität geschenkt wurde. Eine vollständige Sanierung war 1994 nach 15-jähriger Bauzeit abgeschlossen. Die kukturwissenchaftliche Fakultät residiert heute im Schloss, Lehr- und Schausammlungen sind zu bewundern und seit 1997 das akademische Schlossmuseum.
Die Ausblicke vom Schloss über die Stadt, das Neckar- und Ammertal sind allein schon den Aufstieg wert.

Hohentübingen Castle
In the 16th century, the castle of the Palatine Counts was transformed into a fortress and ducal residence. The castle's lower door looks like an arch of triumph, crowned by the shield with the ducal coat of arms, richly decorated and framed by the symbol of the English Order of the Garter and the French Order of San Michele, overlooked on both sides by an armed lansequenet. The castle was almost in ruins when it was donated to the University in 1816. Reconstruction was completed in 1994 after 15 years of work. At present, the faculties of Cultural Sciences are located in the castle, where you can admire numerous collections and, since 1997, the Castle's Academic Museum.
The castle offers views of the city and the Neckar and Ammer valleys that are alone worth the trip.

Le Château d'Hohentübingen
Au XVIe siècle, le château des Comtes Palatins fut transformé en une forteresse et résidence ducale. La porte du bas du château ressemble à un arc de triomphe, couronné par les armoiries du Duc, richement décoré et encadré du symbole de l'ordre britannique de la Jarretière et de l'ordre français de Saint Michel, entourés des deux côtés d'un lansquenet armé. Le château était pratiquement en ruines quand il fut donné à l'Université en 1816. Il fallut alors 15 ans de travaux pour en achever la restructuration complète en 1994. A l'heure actuelle, la faculté de Sciences Culturelles se trouve dans le château, où l'on peut admirer de nombreuses collections et, depuis 1997, le Musée Académique du Château.
Les vues du château sur la ville et sur les vallées du Neckar et de l'Ammer valent à elles seules le détour.

Il castello di Hohentübingen
Nel XVI secolo il castello dei Conti Palatini è stato trasformato in una fortezza e residenza ducale. La porta inferiore del castello assomiglia ad un arco di trionfo, incoronato dallo scudo con lo stemma ducale, riccamente decorato e incorniciato dal simbolo dell'ordine inglese della giarrettiera e dell'ordine francese di San Michele, presidiati su entrambi i lati da un lanzichenecco armato. Il castello era praticamente in rovina quando venne donato all'Università nel 1816. La ristrutturazione completa si è conclusa nel 1994 dopo 15 anni di lavori. Attualmente la facoltà di Scienze Culturali ha sede nel castello, dove è possibile ammirare le numerose raccolte e, dal 1997, il Museo Accademico del Castello.
Le vedute del castello sulla città e sulle valli del Neckar e dell'Ammer valgono da sole l'escursione.

TRAUBE

Ammergasse

Wie manches Gebiet der Unteren Stadt, ist sie aus zweitrangiger Lage saniert worden zur Straße mit erstklassigem Flair. Früher lebten am Ammerkanal -neben Weingärtnern und anderen Handwerkern- Gerber und Färber, die auf das Wasser angewiesen waren. Heute ist der Kanal mit kleinen Brükken bedeckt, die zum Eingang in vielerlei Läden führen. Unverändert im Outfit, und nicht nur von denen geschätzt, die von alten (68-er) Zeiten schwärmen, sind die Studentenkneipen „Storchen" und „Ammerschlag". Wer „Unterstadt" pur erleben will, sollte in der Weinstube „Rebstock" ein Viertele genießen.
Oder auch zwei.

Ammergasse
Like some areas of the Lower City, reconstruction raised this from a second rate to first class street. In the past, the Ammerkanal was home to not only grape growers and artisans, but also tanners and dyers, who were accustomed to water. Today the canal is covered by small bridges that lead to various shops. The student taverns "Storchen" and "Ammerschlag" have not changed over time, and are popular not only with those who nostalgically look back to the good old days (the sixties). Anyone who wants to experience the Lower City should try a Viertele (a quarter liter glass of wine) in the "Rebstock" inn.
Or even two!

Ammergasse
Comme dans certains quartiers de la Ville Basse, la restructuration en a fait une rue de premier plan. Autrefois, l'Ammerkanal accueillait des viticulteurs et des artisans, mais aussi des tanneurs et des teinturiers, qui avaient besoin d'eau pour exercer leur métier. Aujourd'hui, ce canal est couvert de petits ponts qui portent à différents magasins. Les tavernes des étudiants "Storchen" et "Ammerschlag" sont restées fidèles à elles mêmes et, aujourd'hui encore, attirent beaucoup d'amateurs, nostalgiques ou pas des anciens temps (68). Ceux qui souhaitent se plonger dans l'ambiance de la "Ville Basse" doivent absolument aller boire un verre de vin à l'auberge "Rebstock".
Voire deux!

Ammergasse
Analogamente ad alcune zone della Città Bassa, con la ristrutturazione è stata elevata da via di secondo livello a strada di prima classe. In passato, nell'Ammerkanal - oltre a viticoltori ed altri artigiani - vivevano conciatori e tintori, che erano abituati all'acqua. Oggi il canale è coperto da piccoli ponti, che portano a vari negozi. Inalterate nell'aspetto e apprezzate non solo da coloro che rimpiangono i vecchi tempi (il '68) sono le taverne degli studenti "Storchen" e "Ammerschlag". Chi desidera vivere la "Città Bassa" dovrebbe gustarsi un quartino nell'osteria "Rebstock".
Anche due, se possibile!

Kornhaus

1453 wurde das Kornhaus gebaut und als Getreidelager und Kornmarkt genutzt. Ab 1985 ist es umgebaut und modernisiert und 1991 zum Stadtmuseum eingerichtet worden. Hier werden Sammlungen schriftlicher und gegenständlicher Zeugnisse der Geschichte Tübingens und seiner Bewohner aufbewahrt. Sonderausstellungen zu wechselnden Themen können besichtigt werden.

The Kornhaus (Granary)
The Kornhaus was built in 1453 and was used as a warehouse and cereals marketplace. In 1985 it was transformed and modernized, and in 1991 it became a city museum. Here you will find written accounts and objects that tell the history of Tübingen and its inhabitants. You can visit special exhibits on various themes.

La Kornhaus (Le Grenier)
La Kornhaus a été construite en 1453 et utilisée comme magasin et siège du marché des céréales. En 1985, elle a été transformée et modernisée et, en 1991, elle est devenue un musée municipal. On y trouve des témoignages écrits et des objets qui racontent l'histoire de Tübingen et de ses habitants. On peut aussi y visiter des expositions à thème.

La Kornhaus (Il Granaio)
La Kornhaus è stata edificata nel 1453 e utilizzata come magazzino e sede di mercato dei cereali. Nel 1985 è stata trasformata e modernizzata e nel 1991 è diventata museo cittadino. Qui sono raccolte testimonianze scritte e oggetti che raccontano la storia di Tubinga e dei suoi abitanti. E' possibile visitare mostre speciali su diversi argomenti.

Jakobuskirche

Mittelpunkt und Seele der Unteren Stadt ist die Jakobuskirche, ein romanischer Bau von 1100, der um 1500 umgebaut und durch einen gotischen Chor erweitert wurde. Kunstvolle romanische Reliefs sind im Innern zu bewundern.

St. James Church
The heart and soul of the Lower City is the St. James Church, a Romanesque structure dating back to 1100. It was reconstructed around 1500 and expanded with a Gothic choir. Inside, you can admire artistic Romanesque relief work.

Eglise Saint Jacques
L'Eglise Saint Jacques est le pivot et l'âme de la Ville Basse. Il s'agit d'une construction romane édifiée en 1100, restructurée vers 1500 et agrandie d'un choeur gothique. A l'intérieur, on peut y admirer des reliefs romans artistiques.

Chiesa di San Giacomo
Fulcro e anima della Città Bassa è la Chiesa di San Giacomo, una costruzione romanica risalente al 1100, ristrutturata intorno al 1500 ed ampliata con un coro gotico. Al suo interno è possibile ammirare artistici rilievi romanici.

In der Unteren Stadt

Bevor man bei dem Rundgang durch die Stadt wieder in die Altstadt aufsteigt, kann man sich rund um die Jakobuskirche an vielen schönen Häusern, Plätzen und Gassen erfreuen. Viele erzählen namentlich ihre eigene Geschichte, und laden zum Nachdenken und Verweilen ein.

In the Lower City

Before you return to the Old City during your tour of Tübingen, explore the area around St. James Church, where you can admire lovely homes, squares and lanes. Many recount their history only through their names, inviting us to reflect on the past.

Dans la Ville Basse

Avant de revenir à la Vieille Ville, autour de l'Eglise Saint Jacques, on peut admirer de délicieuses habitations, des places charmantes et des ruelles adorables. La plupart racontent leur histoire à travers leur nom, et invitent à la réflexion.

Nella Città Bassa

Prima di ritornare nella Città Vecchia durante il giro della città, intorno alla Chiesa di San Giacomo è possibile ammirare deliziose abitazioni, piazze e vicoli. Molte raccontano la propria storia anche solo con il loro nome, invitandoci ad una riflessione.

Wilhelmsstift

Die Grundidee, auf dem Platz des Franziskanerklosters, ein Collegium als Ergänzung zur Ausbildung am Ev. Stift zu errichten, ist seit 1817 durch König Wilhelm I. im „kirchlichen" Sinn verwirklicht. Das Konvikt ist das Stift der katholisch-theologischen Fakultät.

The Wilhelm Foundation
In 1817, King Wilhelm took steps to build a religious boarding school on the site of the Franciscan monastery, to provide a complement to the education of the Evangelical Foundation. The boarding school was in fact the foundation for the faculty of Catholic theology.

La Fondation de Guillaume
L'idée de construire un collège pour parachever l'éducation dispensée par la Fondation Evangélique à la place du monastère franciscain se concrétisa en 1817, à l'initiative du roi Guillaume Ier, qui privilégia l'orientation "religieuse". L'internat est en effet la fondation de la faculté de théologie catholique.

La Fondazione di Guglielmo
L'idea di base di edificare al posto del monastero francescano un collegio come complemento all'educazione della Fondazione Evangelica è stata realizzata a partire dal 1817 dal re Guglielmo I in senso "religioso". Il convitto è infatti la fondazione della facoltà di teologia cattolica.

St. Johannes

Der Adler, an beiden Flügeln des Portals zu sehen, ist Symbol des Evangelisten und Hl. Apostels Johannes, dem die Kirche 1878 geweiht wurde. Der neugotische Bau ist ab 1961 mehrmals modernisiert worden. Die hohen Fenster des Chors lassen viel Licht bis in den Altarraum strahlen und verleihen der Kirche einen besonderen Glanz. Besondere Blickpunkte sind Figuren von 1500: die Madonna des Marienaltars, sowie die trauernde Maria und der trauernde Johannes.

St. John
The eagle that appears on both doors of the gate represents the evangelist and apostle St. John, to whom the church was dedicated in 1878. The neo-Gothic structure was modernized many times after 1961. The high windows of the choir allow light to pour in up to the altar room, giving the church a very special splendor. Stop and look at the figures from 1500: the Madonna at the altar to Mary, the grieving Mary, and St. John in mourning.

Saint Jean
L'aigle qui trône sur les deux battants du portail représente l'évangéliste et saint apôtre Jean, auquel l'église fut dédiée en 1878. Cette construction néo-gothique a plusieurs fois été modernisée à partir de 1961. Les autres fenêtres du choeur laissent filtrer beaucoup de lumière jusqu'à la salle de l'autel. Cela donne à cette église une splendeur tout à fait particulière. Les figures du XVIe siècle valent le coup d'oeil: Madone de l'autel de Marie, Marie affligée et Saint Jean en deuil.

San Giovanni
L'aquila che compare su entrambi i battenti del portone rappresenta l'evangelista e santo apostolo Giovanni, a cui la chiesa venne dedicata nel 1878. La costruzione neo-gotica è stata più volte rimodernata a partire dal 1961. Le alte finestre del coro lasciano filtrare molta luce fino alla sala dell'altare. Questo conferisce alla chiesa uno splendore del tutto particolare. Val la pena soffermarsi sulle figure del 1500: la Madonna dell'altare di Maria, la Maria dolente e San Giovanni in lutto.

Nonnenhaus

An keinen Orden gebunden waren die karitativ tätigen Frauen, die hier bis 1535 lebten. Der Fachwerkbau aus dem 14. Jh. hat eine hübsche Außentreppe, die zum Haus und zum - heute durch einen hölzernen Stuhl ersetzten - „stillen Örtchen" im Sprachhaus führt. Das „Gesprochene" fiel direkt in den Ammerkanal. Vor dem Haus erinnert das steinerne Buch an den Mediziner und Botaniker Leonhart Fuchs (1501-1566), der im Nonnenhaus wohnte und an der Universität lehrte.
Von hier hat man Zugang zum alten Botanischen Garten.
Markt am Nonnenhaus heißt das zweckmäßige Geschäftsgebäude mit Parkhaus und ist der südländisch-freundliche Verkauf von frischem Obst und Gemüse.

Nonnenhaus
The charitable women who lived here until 1535 were not linked to any particular order. The 14th century trestle construction has a lovely outer stairway that leads to the house and that "certain little spot" - now replaced by a wooden chair - in the Sprachhaus. The "product" fell directly into the Ammer canal. Outside the house, a stone book commemorates the physician and botanist Leonhart Fuchs (1501-1566), who lived in the Nonnenhaus and taught at the University.
From here you can go to the old Botanical Gardens.
The Nonnenhaus market is a functional building containing shops and a multistory parking garage, and the place where fresh fruit and vegetables are sold.

Nonnenhaus
Les femmes charitables qui vécurent ici jusqu'en 1535 n'appartenaient à aucun ordre en particulier. Cette construction à treillis du XIVe siècle présente un délicieux escalier extérieur, permettant d'accéder à la maison et au "petit coin" - aujourd'hui remplacé par une chaise en bois - dans la Sprachhaus. La "production" tombait directement dans le canal Ammer. Devant la maison, un livre en pierre rappelle le médecin et botaniste Leonhart Fuchs (1501-1566) qui habitait dans la Nonnenhaus et qui enseignait à l'Université.
D'ici, on a accès aux anciens Jardins Botaniques.
Le marché de la Nonnenhaus se déroule dans un édifice fonctionnel doté d'une aile réservée à la vente de fruits et de légumes frais.

Nonnenhaus
Non erano legate ad alcun ordine particolare le donne caritatevoli che vissero qui fino al 1535. La costruzione a traliccio risalente al XIV secolo presenta una deliziosa scala esterna, che porta alla casa e a quel "certo posticino" - oggi sostituito da una sedia in legno - nella Sprachhaus. La "produzione" cadeva direttamente nel canale Ammer. Davanti alla casa, un libro in pietra ricorda il medico e botanico Leonhart Fuchs (1501-1566), che abitava nella Nonnenhaus e che insegnò all'Università.
Da qui si accede ai vecchi Giardini Botanici.
Il mercato della Nonnenhaus è un funzionale edificio di negozi dotato di autosilo per la vendita di frutta e verdura fresca.

Gloster
Apfel
kg 2.95
NEW ZEALAND
apples

Die Eberhard-Karls-Universität

Sie trägt den Namen ihres Gründers, der hier mit seinem „mutigen Wort" abgebildet ist.
Der Festsaal der Universität befindet sich in der Neuen Aula, die hauptsächlich durch die Verwaltung der Universität und von der juristischen Fakultät belegt wird.
Die Alte Aula wird von Religionswissenschaftlern, Indologen und Orientalisten genutzt. Hier ist auch eine der vielen fachspezifischen Bibliotheken der Universität untergebracht.

Karl Eberhard University
The University is named after its founder, who is depicted with his "courageous word."
The University hall is located in the New Lecture Hall, primarily occupied by university administration offices and the law faculty.
The Old Lecture Hall is used by students of religion and Indian and Oriental studies. It is also the home of many of the University's specialized libraries.

L'Université de Charles Eberhard
Elle porte le nom de son fondateur dont elle abrite aussi le portrait.
Le salon de l'Université se trouve dans le nouvel amphithéâtre, principalement occupé par l'administration de l'université et la faculté de jurisprudence.
Le Vieil Amphithéâtre est utilisé par des étudiants en religion, des indianistes et des orientalistes. L'édifice accueille aussi une des nombreuses bibliothèques spécialisées de l'Université.

L'Università di Carlo Eberardo
Porta il nome del suo fondatore, che qui è ritratto con la sua "parola coraggiosa".
Il salone dell'Università si trova nell'Aula Nuova, occupata principalmente dall'amministrazione dell'università e dalla facoltà di giurisprudenza.
L'Aula Vecchia è utilizzata da studiosi di religione, indianisti e orientalisti. Qui ha sede anche una delle numerose biblioteche specializzate dell'Università.

Bibliothek

Die Bibliothek besitzt wertvolle Sammlungen zu wissenschaftlichen Spezialgebieten, fast 3 Millionen Bücher und Zeitschriften, die allen Interessierten zugänglich sind.
Das Wildpferd und der Höhlenlöwe befinden sich bei den Schätzen im Schlossmuseum.

The Library
The library has precious scientific collections and almost 3 million books and magazines, available to anyone interested.
The wild horse and the cave lion are among the treasures of the Castle Museum

La Bibliothèque
La bibliothèque possède de précieuses collections scientifiques et presque 3 millions de livres et de magazines, qui peuvent être consultés par tous.
Le cheval sauvage et le lion des cavernes font partie des trésors du Musée du Château.

La Biblioteca
La biblioteca possiede preziose collezioni scientifiche e quasi 3 milioni di libri e riviste, accessibili a tutti gli interessati.
Il cavallo selvaggio ed il leone delle caverne sono fra i tesori del Museo del Castello.

Naturwissenschaftliche Institute

Plastiken von Hajek weisen den Weg zu den verschiedenen Einrichtungen der Institute der naturwissenschaftlichen und mathematischen Fakultäten, die 1972 Auf der Morgenstelle bezogen werden konnten. Innen wird man von Wissenschaftlern durch das Studium begleitet, die als Lehrer und Forscher international anerkannt und bekannt sind, und mit Universitäten und Institutionen in aller Welt zusammenarbeiten.
Weltweite Anerkennung genießen auch die Max-Planck-Institute auf der Eberhardshöhe, nicht nur wegen der preisgekrönten Forscher und Forschungsergebnisse.
Wilhelm Schickard hat 1623 die erste mechanische Rechenmaschine erfunden. Die Universität besitzt das Modell und ein Zentrum für Datenverarbeitung.

Institute of Sciences

Sculptures by Hajek indicate the way to various Institute structures in the faculties of science and mathematics, since 1972 known as the "Auf der Morgenstelle" campus. Inside, students study under scientists who are recognized university instructors and with internationally famous researchers, who work with universities and institutes all over the world.
The Max-Planck Institute on Eberhardshöhe also enjoys international recognition, not only due to its famous researchers and their achievements.
In 1623, Wilhelm Schickard invented the first mechanical calculator. The University owns the model and a data processing center.

L'Institut de Sciences Naturelles

Les sculptures d'Hajek indiquent le chemin vers les différentes structures de l'Institut des facultés de sciences naturelles et de mathématiques, considéré en 1972 comme Auf der Morgenstelle. A l'intérieur, des scientifiques devenus plus tard des professeurs et des chercheurs de renommée internationale, qui collaborent avec des universités et des institutions du monde entier, ont suivi des cours.
L'Institut Max-Planck sur la Eberhardshöhe est également illustre à l'échelle internationale, en vertu, notamment des chercheurs célèbres qui y ont travaillé et des résultats qui ont été obtenus.
En 1623, Wilhelm Schickard inventa la première machine à calculer mécanique. L'Université en possède un modèle, tout comme un centre d'élaboration des données.

L'Istituto di Scienze Naturali

Sculture di Hajek indicano la strada verso le varie strutture dell'Istituto delle facoltà di scienze naturali e matematiche, a cui nel 1972 si faceva riferimento come Auf der Morgenstelle. All'interno si viene seguiti negli studi da scienziati riconosciuti come docenti e ricercatori di fama internazionale, che collaborano con università e istituzioni in tutto il mondo.
Godono di riconoscimento internazionale anche l'Istituto Max-Planck sulla Eberhardshöhe, non solo per i famosi ricercatori e i risultati ottenuti dalla ricerca.
Nel 1623 Wilhelm Schickard inventò la prima calcolatrice meccanica. L'Università ne possiede il modello ed un centro di elaborazione dati.

Kliniken

In Tübingen gibt es 13 Spezial-Universitätskliniken. In den alten Klinikgebäuden in der Stadt und im Klinikum auf dem Schnarrenberg stehen Forschung, Lehre und Patientenversorgung im Mittelpunkt. Die neugebaute Kinderklinik wurde 1998 in Betrieb genommen. Auch in der Berufsgenossenschaftlichen Unfallklinik hat man Aussicht auf Heilung und die Schwäbische Alb.

The Clinics
There are 13 special university clinics in Tübingen. In the old buildings of the city clinics and in the clinic on Schnarrenberg, research, teaching and care of patients are the heart of the activity. The newly constructed children's clinic opened its doors in 1998. The Orthopedic and Trauma Clinic, which has an excellent reputation, boasts a lovely view of the Swabian Mountains.

Les Cliniques
Tübingen accueille 13 cliniques universitaires spécialisées. Dans les anciens bâtiments des cliniques municipales et dans la clinique située sur la Schnarrenberg, recherche, enseignement et traitement des patients constituent le gros de l'activité. La clinique pour enfants récemment construite fonctionne depuis 1998. De la Clinique Orthopédique et Traumatologique qui garantit d'excellentes chances de guérison, on a une vue exceptionnelle sur l'Alpe Souabe.

Le Cliniche
A Tubinga sono presenti 13 cliniche universitarie speciali. Nei vecchi edifici delle cliniche cittadine e nella clinica sulla Schnarrenberg, ricerca, insegnamento e cura dei pazienti rappresentano il fulcro dell'attività. La clinica per bambini di nuova costruzione è entrata in funzione nel 1998. Dalla Clinica Ortopedica e Traumatologica che assicura ottime prospettive di guarigione, si gode di una vista eccezionale sull'Alpe Sveva.

Botanischer Garten

Ein Spaziergang durch den Garten oder die Gewächshäuser wird zur botanischen Weltreise, auf der man sich einfach von der Schönheit und Artenvielfalt der Pflanzen unserer Erde verzaubern lassen, oder einen Lehrgang zu den Themen Systematik, Bodenkunde und Klimazonen unternehmen kann. Auf dem Weg im Freien kommt man an einer kegelförmigen Figur vorbei, die den geographischen Mittelpunkt Baden-Württembergs markiert. Höchstes Gebäude und ein Höhepunkt ist das Tropicarium. Neben vielem anderem wachsen hier Bäume des Regenwaldes, reifen Bananen und blühen Lotosblumen in einem Teich.

The Botanical Gardens
A walk through the gardens or greenhouses becomes a voyage into the botanical world, where it's easy to succumb to the fascinating beauty and variety of our planet's plant species. You can also take a course on subjects like nomenclature, pedology and climate zones. At a certain point on the open air walk, you reach a sphere that represents the geographical center of Baden-Württemberg. The tropicarium is the tallest building and an interesting point of attraction. Along with numerous other species, trees from the tropical rain forests grow here, bananas ripen, and lotus flowers bloom in a little lake.

Les Jardins Botaniques
Une promenade dans les jardins ou dans les serres se transforme vite en un voyage dans l'univers botanique durant lequel on peut soit se laisser aller au charme de la beauté et de la variété des espèces végétales de notre planète, soit participer à un cours sur la systématique, la pédologie et les régions climatiques. Dans le parcours en plein air, à un certain point, on tombe sur une sphère qui représente le centre géographique du Baden-Württemberg. L'édifice le plus haut et le plus intéressant n'est autre que le tropicarium. A côté de nombreuses autres espèces, des arbres de la forêt pluviale poussent ici, des bananes mûrissent et des fleurs de lotus s'ouvrent dans un petit lac.

I Giardini Botanici
Una passeggiata nei giardini o nelle serre si trasforma in un viaggio nel mondo botanico durante il quale è facile lasciarsi affascinare dalla bellezza e dalla varietà delle specie vegetali del nostro pianeta oppure partecipare ad un corso su argomenti quali sistematica, pedologia e zone climatiche. Nel percorso all'aperto, ad un certo punto si giunge ad una sfera che rappresenta il centro geografico del Baden-Württemberg. L'edificio più alto nonché interessante punto di richiamo è il tropicarium. Accanto a numerose altre specie, qui crescono alberi della foresta pluviale, maturano banane e sbocciano fiori di loto in un laghetto.

Kunsthalle

Der unscheinbare Bau am Philosophenweg wird oft die Attraktion Tübingens, wenn Kunstwerke aus Privatbesitz und aus Museen in aller Welt zusammenkommen und in einer Ausstellung gezeigt werden. Die Nymphengruppe von Dannecker ist im Café der Kunsthalle im Original zu sehen, das Doppel steht am Anlagensee in der Stadt. Nur montags oder zwischen zwei Ereignissen ist geschlossen.

The Art Gallery
This unassuming structure on the Philosophenweg often becomes a center of attraction in Tübingen, when it exhibits works of art from private collections and museums around the world. The original of Dannecker's group of nymphs can be admired in the art gallery's cafe, while a reproduction is on display at the Anlagensee in the city. The art gallery is open every day but Monday or between two successive shows.

La Galerie d'Art
Cette construction peu voyante sur Philosphenweg devient souvent le point d'attraction de Tübingen, quand on y expose des oeuvres d'art appartenant à des collections privées ou à des musées du monde entier. On peut notamment admirer l'original du groupe de nymphes de Dannecker dans le café de la galerie d'art, alors qu'une copie est exposée à l'Anlagensee de la ville. La galerie d'art est fermée le lundi ou entre deux manifestations successives.

La Galleria d'Arte
La costruzione poco appariscente sul Philosophenweg diventa spesso il punto d'attrazione di Tubinga, quando vi vengono esposte opere artistiche provenienti da collezioni private e musei di tutto il mondo. Il gruppo di ninfee di Dannecker può essere ammirato in originale nel caffè della galleria d'arte, mentre una copia è esposta presso l'Anlagensee nella città. La galleria d'arte è chiusa solo il lunedì o tra due manifestazioni successive.

In Tübingen fährt man Rad

So kommt man am schnellsten durch die Stadt mit ihren vielen Einbahnstraßen, und angenehm fahrend in die Natur in den Tälern entlang Neckar, Ammer, Steinlach und Goldersbach. Mehr Atem braucht man bei den 150 m Höhenunterschied von der Neckarbrücke (321 m über NN) hinauf in den Norden. Wer diesen nicht hat, kann sich diese Strecke samt Fahrrad im Stadtbus transportieren lassen. Der Bus fährt auch in alle Tübinger Stadtteile: Bebenhausen, Bühl, Derendingen, Hagelloch, Hirschau, Kilchberg, Pfrondorf, Lustnau, Unterjesingen und Weilheim.

Cycling in Tübingen

This is the fastest way to cross the city, cycling along its numerous one-way streets and pedaling enjoyably through the natural surroundings of the Neckar, Ammer, Steinlach and Goldersbach river valleys. You'll need more strength to climb the 150 m rise from the bridge on the Neckar (321 m above sea level) to the north. If you're out of shape, you can carry your bike in the bus along this stretch. There is bus service to every district of the city: Bebenhausen, Bühl, Derendingen, Hagelloch, Hirschau, Kilchberg, Lustnau, Pfrondorf, Unterjesingen and Weilheim.

A Tübingen, on pédale

C'est là le moyen le plus rapide pour traverser la ville en parcourant les nombreuses rues à sens unique, et le plus agréable pour aller admirer la nature des vallées le long des fleuves Neckar, Ammer, Steinlach et Goldersbach. Il faut en revanche un peu plus de courage pour franchir le dénivelé de 150 m du pont sur le Neckar (321 m au-dessus du niveau de la mer) en direction nord. Les plus paresseux peuvent parcourir cette distance en chargeant leur vélo sur l'autobus. Un autobus qui sillonne tous les quartiers de la ville: Bebenhausen, Bühl, Derendingen, Hagelloch, Hirschau, Kilchberg, Lustnau, Pfrondorf, Unterjesingen et Weilheim.

A Tubinga si pedala

E' questo il modo più rapido per attraversare la città percorrendo le sue numerose strade a senso unico e pedalando piacevolmente fra la natura delle valli lungo i fiumi Neckar, Ammer, Steinlach e Goldersbach. Si fa, invece, più fatica a superare il dislivello di 150 m dal ponte sul Neckar (321 m sul livello del mare) fino a nord. Chi ha poca resistenza, può percorrere questo tratto portando la bici in autobus. L'autobus percorre tutti i quartieri della città: Bebenhausen, Bühl, Derendingen, Hagelloch, Hirschau, Kilchberg, Pfrondorf, Lustnau, Unterjesingen e Weilheim.

Der Neckar

Er trennt die Altstadt vom südlichen Tal, die Eberhardsbrücke verbindet sie. Ein Teil der Stadtmauer begrenzt ihn und ist begehrter Logenplatz bei Theateraufführungen, zum Sonnen, Schmusen oder Lesen. Vom Stocherkahn oder Boot aus hat man, neckaraufwärts fahrend, einen schönen Blick auf die Neckarhalde und das Schloss. Flussabwärts sieht man am Hang zum Österberg prächtige Verbindungshäuser, am Ufer das Schwabenhaus, gebaut für das Adelscorps Suevia, heute Sitz der Kirchenmusikschule. Auf dem Platz der ehemaligen Neckarmüllerei kann man, im Freien unter alten Bäumen sitzend, den Fluss und Flüssiges geniessen. Gegenüber ist Zweckmäßiges zu finden: der Verkehrsverein, ein Hotel mit Restaurants, der Bootsverleih und ein Parkhaus.

The Neckar
It separates the Old City from the southern valley, while the Eberhard Bridge connects it. One side is bounded by the city walls and is popular with theater-goers or anyone who wants to sunbathe, flirt or spend time reading. Going back up the Neckar on a barge or other boat, you'll enjoy a lovely view of the Neckar hills and the castle. Going down the river, to the slopes of the Österberg, you can admire sumptuous adjoining residences. The Schwabenhaus is visible on the banks of the river; it was built for the noble Swabia Corps and is now the home of the religious music school. Where the Neckar water mill was once located, you can sit comfortably under ancient trees and watch the waters of the river flowing by. Opposite, return to practicality with the Tourist Bureau, a hotel with restaurants, the boat rental office and a parking garage.

Le Neckar
Il sépare la Vieille Ville de la vallée méridionale, alors que le pont d'Eberhard les relie. Délimité d'un côté par les remparts de la ville, on y croise tous ceux qui souhaitent assister à des manifestations théâtrales, se dorer au soleil, conter fleurette ou se consacrer à la lecture. En remontant le Neckar sur une barque ou autre embarcation, on a une vue délicieuse sur les pentes du Neckar et sur le château. En descendant le fleuve, sur les pentes de la Österberg, on peut admirer de luxueuses maisons communicantes. Sur les rives du fleuve, on aperçoit la Schwabenhaus, construite pour le corps nobiliaire Suève, qui abrite aujourd'hui l'école de musique religieuse. A la place de l'ancien moulin du Neckar, on peut admirer, commodément assis sous de vieux arbres, le fleuve et l'eau qui coule. En face, retour à la praticité: l'Office du Tourisme, un hôtel avec restaurant, un service de location de bateaux et un garage.

Il Neckar
Separa la Città Vecchia dalla valle meridionale, mentre il ponte di Eberardo le collega. E' limitato da una parte dalle mura cittadine ed è frequentato da coloro che desiderano assistere a manifestazioni teatrali, prendere il sole, amoreggiare o dedicarsi alla lettura. Risalendo il Neckar su una chiatta o altra imbarcazione si può godere di una deliziosa vista sul pendio del Neckar e sul castello. Discendendo il fiume, alle pendici della Österberg, è possibile ammirare sfarzose abitazioni comunicanti. Sulla sponda del fiume è visibile la Schwabenhaus, edificata per il corpo nobiliare Suevia, oggi sede della scuola di musica religiosa. Al posto dell'ex-mulino del Neckar è possibile ammirare, comodamente seduti sotto vetusti alberi, il fiume e l'acqua che scorre. Di fronte si ritorna alla praticità: l'Ente per il Turismo, un hotel con ristoranti, il noleggio imbarcazioni ed un autosilo.

neckartorapotheke

Ein bezaubernder Einblick in das Herz der Altstadt

Vor ihr liegt die Neckarinsel, zwischen Fluss und Flutkanal, Neckar- und Alleenbrücke. Ab 1820 wurde sie bepflanzt und ist die Platanenallee auf ihr „herangewachsen".
Beim Spaziergang durch sie werden Erinnerungen wach, an die Lieder und Gedichte, Verse und Erzählungen der Poeten dieser Stadt, und monumental wach gehalten an Friedrich Silcher. Auf ihr findet das Sommertheater (Theater Lindenhof aus Melchingen) statt, ihr Ufer ist Spielwiese für Kinder und Verliebte, Futterplatz für Enten und Schwäne. Die angrenzende Straße ist nach Uhland benannt, dort stehen sein Denkmal, das Uhland- und Keplergymnasium, und am Beginn der Straße, das Schwäbische Tagblatt.

An Enchanting View of the Heart of the Old City
Lying across from the Old City is Neckar Island, located between the river and the navigable canal, and the Neckar and Alleen bridges. In 1820, trees were planted on the island, creating the avenue of sycamores here.
A walk to this island brings to mind songs, lyrics, verses and the tales of the poets of this city, magnificently represented by Friedrich Silcher. The island is home to the Summer Theater (the Lindenhof aus Melchingen Theater), and its beaches are frequented by children, lovers, and anyone who enjoys feeding the ducks and swans. The adjacent street took its name from Uhland. Here you can admire his monument, the Uhland and Kepler high school, and, at the top of the street, the Swabia daily newspaper.

Un regard enchanteur en plein coeur de la Vieille Ville
L'île du Neckar, située entre le fleuve et le canal navigable, le pont du Neckar et le pont Alleen, fait face à la Vieille Ville. Depuis 1820, des arbres y ont été plantés et l'avenue des platanes y a "poussé".
Une promenade sur cette île évoque les chansons, les oeuvres lyriques, les vers et les récits des poètes de la ville, majestueusement représentés par Friedrich Silcher. Entre autres attraits de cette île, citons le Théâtre d'été (Théâtre Lindenhof aus Melchingen), sa plage où se retrouvent les enfants, les amoureux et tous ceux qui s'amusent à donner à manger aux canards et aux cygnes. La route adjacente doit son nom à Uhland. On peut y admirer son monument, le gymnase d'Uhland et Kepler et, au début de la route, le Quotidien de Suève.

Un incantevole sguardo nel cuore della Città Vecchia
Davanti alla Città Vecchia troviamo l'isola del Neckar, tra il fiume ed il canale navigabile, il ponte del Neckar ed il ponte Alleen. A partire dal 1820 hanno piantato alberi e su di essa è "cresciuto" il viale dei platani.
Una passeggiata su quest'isola riporta alla mente i canti, le liriche, i versi e i racconti dei poeti di questa città, grandiosamente rappresentati da Friedrich Silcher. Su quest'isola ha sede il Teatro Estivo (Teatro Lindenhof aus Melchingen), la sua spiaggia è meta di bambini e innamorati e di tutti coloro che si divertono a dare il cibo ad anatre e cigni. La strada adiacente ha preso il nome da Uhland. Qui è possibile ammirare il suo monumento, il ginnasio di Uhland e Keplero e, all'inizio della strada, il Quotidiano di Svevia.

Bebenhausen

Ein Ensemble unter Schutz und von besonderer Schönheit ist Bebenhausen. Zum Schmuckstück wird es durch das Kloster. Ein Juwel ist die Kirche. In ihr werden der Zeitgeschmack, Bauvorschriften, Vermögen oder Stolz der jeweiligen Besitzer oder Träger dieser Kostbarkeit sichtbar, so in den romanischen Altarnischen, am Fresko und am gotischen Maßwerkfenster im Chor, in den malerischen Verzierungen zwischen den Kreuzrippengewölben und an den üppigen Ornamenten der Renaissance-Kanzel, deren Restaurierung 1992 fertiggestellt war. Die Maßwerke in den Fenstern der Kreuzgänge sind Zeugnisse zisterziensischer Einfachheit, jedes in einer anderen Form. Hell und elegant wirkt das Sommerrefektorium mit den verspielten Deckenmalereien. Von bezaubernder Schlichtheit und Symmetrie ist das Gewölbe im Brunnenhaus gegenüber. Die Kapitelle im Kapitelsaal, in der Bruderhalle und im Parlatorium sind Steinmetzkunst in schönster Form und von höchster Perfektion.

Bebenhausen
Bebenhausen is a particularly beautiful, protected complex, and the monastery is its jewel. The church is a true treasure. Here you can admire the taste of the times, the building style, and the heritage and pride of those who later owned or held this treasure, with its niches in the Romanesque altar, the fresco and the Gothic tracery window in the choir, and the painted decorations between the vaults, with cross-shaped ribbing and luxurious ornamentation in the Renaissance chancellery, whose restoration was completed in 1992. The tracery of the windows in the cloisters, each with a different form, are testimony to Cistercian simplicity. The summer refectory is luminous and elegant, with its ethereal ceiling paintings. The vault of the Brunnenhaus is surprising in its simplicity and symmetry. The capitals of the chapterhouse hall, the Bruderhalle and the parlor, are testimony to an extraordinary, perfect mastery of the chisel.

Bebenhausen
Bebenhausen est un site protégé d'une grande beauté, dont le Couvent constitue le bijou. L'Eglise aussi est une véritable perle. On peut y admirer le goût de l'époque, le style architectural, le patrimoine et l'orgueil des propriétaires ou détenteurs de cet admirable trésor qui se sont succédés au fil des ans: les niches de l'autel roman, la fresque et la fenêtre en style gothique du choeur, les décorations Renaissance, dont la restauration s'est achevée en 1992. Les fenêtres des choeurs, toutes de formes différentes, témoignent de la simplicité cistercienne. Le réfectoire d'été est lumineux et élégant, avec ses peintures éthérées au plafond. La voûte de la Brunnenhaus est d'une simplicité et d'une symétrie surprenante. Les chapiteaux de la salle des délibérations de la Bruderhalle et du parloir témoignent d'une maîtrise extraordinaire et parfaite du scalpel.

Bebenhausen
Bebenhausen è un complesso protetto di particolare bellezza. Il gioiello è rappresentato dal Convento. Una vera e propria perla è la Chiesa. Qui è possibile ammirare il gusto dei tempi, lo stile edilizio, il patrimonio e l'orgoglio dei proprietari o detentori di questo valore che si sono succeduti nel tempo, come le nicchie dell'altare romanico, l'affresco e la finestra traforata in stile gotico del coro, le decorazioni pittoriche tra le volte con nervatura a croce e i lussuosi ornamenti della Cancelleria rinascimentale, la cui restaurazione si è conclusa nel 1992. I trafori alle finestre dei chiostri testimoniano la semplicità cistercense, ognuno in una forma diversa. Il refettorio estivo è luminoso ed elegante, con le sue eteree pitture a soffitto. Di sorprendente semplicità e simmetria è la volta della Brunnenhaus. I capitelli della sala capitolare, della Bruderhalle e del parlatoio testimoniano una straordinaria e perfetta padronanza dello scalpello.

Schloss Bebenhausen

Nachdem Württemberg 1806 Königreich geworden war, ließ Friedrich II. die Klosterschule räumen und zu einem Jagdsitz einrichten. Die Klosteranlage kam 1864 durch Kauf zum königlichen Besitz und der östliche Gebäudekomplex wurde zum Schloss umgebaut. Auch der letzte württembergische König, Wilhelm II., nutzte es als Landsitz und bei seinen Aufenthalten zur Jagd im Schönbuch. Nach Ausrufung der Republik 1918 wurde es ihm als Wohnsitz überlassen. Er starb 1921, seine Gemahlin Charlotte, von manchen Bebenhäusern liebevoll mit „Frau Königin" begrüßt, lebte hier bis zu ihrem Tod 1946. Die altdeutsch eingerichteten, königlichen Gemächer kann man besichtigen. Im Roten Saal finden offizielle Empfänge statt, den Grünen Saal kann man für Festlichkeiten mieten, ansonsten wird das Schloss von der Forstdirektion genutzt.

Bebenhausen Castle
After Württemberg became a kingdom in 1806, Frederick II vacated the monastery school, transforming it into a hunting headquarters. In 1864 the monastery building became royal property, and the east wing was transformed into a castle. Even the last king of Württemberg, Wilhelm II, used it as a country residence and for hunting trips to Schönbuch. After the Republic was proclaimed in 1918, it was left to him as a residence. Wilhelm died in 1921. His wife Charlotte lived here until her death in 1946, and many inhabitants of Bebenhausen affectionately referred to her as "Mrs. Queen." The royal rooms, done in old German style, can be visited today. The Red Room is used for official receptions, the Green Room can be rented for parties, and the remainder of the castle is occupied by forestry offices.

Le Château de Bebenhausen
Lorsque le Wurtemberg devint un royaume en 1806, Frédéric II fit évacuer l'école conventuelle et la transforma en une base de chasse. En 1864, l'édifice du monastère devint propriété royale et l'aile Est fut transformée en château. Le dernier roi du Wurtemberg, Guillaume II, en fit sa résidence de campagne et sa demeure lorsqu'il venait chasser à Schönbuch. Il mourut en 1921. Son épouse Charlotte, amoureusement surnommée par certains habitants de la Bebenhausen "Madame la Reine", vécut ici jusqu'à son décès, en 1946. Les pièces royales, réalisées en style allemand antique, sont ouvertes au public. La Salle Rouge accueille les réceptions officielles, la Salle Verte peut être louée pour y organiser des fêtes, alors que le reste du château est utilisé par la direction des forêts.

Il Castello di Bebenhausen
Dopo che il Württemberg divenne regno nel 1806, Federico II fece sgombrare la scuola conventuale, trasformandola in una base di caccia. Nel 1864 l'edificio del monastero divenne proprietà regia e l'ala est venne trasformata in castello. Anche l'ultimo re del Württemberg, Guglielmo II, lo sfruttò come residenza di campagna e durante i suoi soggiorni di caccia a Schönbuch. Dopo la proclamazione della Repubblica, nel 1918 gli fu lasciato come residenza. Morì nel 1921. La sua consorte Charlotte, da alcuni abitanti della Bebenhausen chiamata amorevolmente "Signora Regina", visse qui fino alla sua morte, nel 1946. Le stanze regie, realizzate in stile tedesco antico, sono visitabili. Nella Sala Rossa si tengono i ricevimenti ufficiali, la Sala Verde può essere affittata per l'organizzazione di feste, mentre per il resto il castello è utilizzato dalla direzione forestale.

Für internationale Verständigung und kulturellen Austausch mit Partnern in aller Welt wird die Stadt Tübingen 1965 mit dem Europapreis ausgezeichnet. Viele der jährlich stattfindenden Feste (Georgimarkt - Tübinger Sommerfest - Kunstmarkt - Stocherkahnrennen - open air Festival AfroBrasil - Tübinger Stadtfest - Umbrisch-Provençalischer Markt - Martinimarkt - Weihnachtsmarkt) feiert sie gemeinsam mit Vertretern ihrer Partnerstädte.

In 1965, the city of Tübingen was presented the Europe Award for its international awareness and cultural exchanges with partners throughout the world. Representatives from its sister cities participate in the numerous festivities that are held here annually (St. George Market - Tübingen Summer Festival - Art Market - Barge Race - African-Brazilian open air festival - Tübingen City Festival - Umbrian-Provençal Market - St. Martin Market - Christmas Market).

En vertu de son aura internationale et des échanges culturels qu'elle entretient avec des partenaires du monde entier, la ville de Tübingen s'est vu conférer, en 1965, le Prix Europe. Les représentants des villes jumelées participent notamment aux nombreuses fêtes qui y sont organisées tout au long de l'année (Marché Saint Georges - Fête d'été de Tübingen - Marché de l'art - Course de barques - Open air festival afro-brésilien - Fête municipale de Tübingen - Marché Ombro-provençal - Marché de Saint Martin - Marché de Noël).

Per l'intesa internazionale e lo scambio culturale con partner di tutto il mondo, alla città di Tubinga è stato conferito nel 1965 il Premio Europa. A numerose delle feste che vi si svolgono annualmente (Mercato di San Giorgio - Festa Estiva di Tubinga - Mercato dell'arte - Corsa delle chiatte - Open air festival afro-brasiliano - Festa cittadina di Tubinga - Mercato Umbro-provenzale - Mercato di San Martino - Mercato di Natale) partecipano anche i rappresentanti delle città gemellate.

1959	**Monthey (Schweiz)**
1960	**Aix-en-Provence (Frankreich)**
1963	**Kingersheim (Frankreich)**
1965	**Ann-Arbor (Michigan, USA)**
1969	**Durham (England)**
1973	**Aigle (Schweiz)**
1981	**Kilchberg-Zürich (Schweiz)**
1984	**Perugia (Italien)**
1989	**Petrosawodsk (Russland)**

VIVA
AFROBRASIL '98

Sehenswertes in der Umgebung

Poetisch verklärt und viel besungen wurde die Wurmlinger Kapelle (1), nicht nur kulinarisch lohnendes Ziel nach einer Wanderung durch den Schönbuch ist Hohenentringen (2). Im Schloss Kilchberg (3) kann man - bei Führungen auf Anfrage - Fresken und Jagdtrophäen bewundern. Schloss Bühl (4) wurde zu Wohnraum umgebaut, im Schlosssaal werden Feste gefeiert.

Interesting excursions to surrounding areas
The Wurmling Chapel (1) has been poetically transfigured and often celebrated. After a walk in the Schönbuch, we suggest an interesting excursion to Hohenentringen (2), of more than just culinary interest. In Kilchberg Castle (3), where you can schedule a guided tour, you can admire frescoes and hunting trophies. Bühl Castle (4) was transformed into a residence, and numerous parties are held in the castle hall.

Sites intéressants dans les environs
Poétiquement transfigurée et souvent célébrée, la Chapelle de Wurmling (1). Après une promenade dans le Schönbuch, nous vous proposons de vous rendre à Hohenentringen (2) dont les attraits ne se limitent pas à la bonne cuisine. Dans le château de Kilchberg (3) - visites guidées à réserver - on peut admirer des fresques et des trophées de chasse. Le château de Bühl (4) fut transformé en résidence, et de nombreuses fêtes sont organisées dans la salle principale.

Mete interessanti nei dintorni
Trasfigurata poeticamente e spesso celebrata, la Cappella di Wurmling (1). Dopo una passeggiata nello Schönbuch proponiamo come meta interessante, non solo culinariamente, Hohenentringen (2). Nel castello di Kilchberg (3) - con visite guidate prenotate - è possibile ammirare affreschi e trofei di caccia. Il castello di Bühl (4) fu trasformato in residenza, e nella sala del castello si tengono numerose feste.

1

3

2

4

In herausragender Lage beherrscht die Burg (1) der Hohenzollern, als Denkmal deutscher Geschichte, das Panorama der Schwäbischen Alb. Das Schloss (2) der Hohenzollern steht in Sigmaringen. Im Schlossmuseum kann man dort wertvolle Sammlungen besichtigen. Ein Hauch von Exklusivität umweht Schloss Weitenburg (3). Gastronomie, Konzertveranstaltungen und der nahegelegene Golfplatz tragen dazu bei. Wilhelm Hauff's Roman "Lichtenstein" (4) war Anlass zum Bau des gleichnamigen, romantischen Schlösschens.

From its exceptional position, Hohenzollern Castle (1) a monument to German history, dominates the panorama of the Swabian Mountains. Hohenzollern Castle (2) is located in Sigmaringen. The castle museum holds precious collections to admire. An aura of exclusivity surrounds Weitenburg Castle (3), where gastronomy, concerts and the nearby golf course add to the atmosphere. Wilhelm Hauff's novel Lichtenstein (4) inspired the construction of the romantic little castle of the same name.

Situé sur un emplacement exceptionnel, le château (1) des Hohenzollern, monument à l'histoire allemande, domine le panorama de l'Alpe Souabe. Le château (2) des Hohenzollern se trouve à Sigmaringen. Dans le musée du château, on peut admirer de précieuses collections. Une aura d'exclusivité enveloppe le château de Weitenburg (3). Une aura à laquelle contribuent la gastronomie, les concerts et le terrain de golf situé non loin de là. Le roman "Lichtenstein" de Wilhelm Hauff a inspiré la construction du petit château romantique du même nom.

Da una posizione eccezionale, il castello (1) degli Hohenzollern, monumento alla storia tedesca, domina il panorama dell'Alpe Sveva. Il castello (2) degli Hohenzollern si trova a Sigmaringen. Nel museo del castello è possibile ammirare preziose collezioni. Un' aura di esclusività circonda il castello Weitenburg (3). A questa atmosfera contribuiscono gastronomia, concerti ed il vicino campo da golf. Il romanzo "Lichtenstein" (4) di Wilhelm Hauff ha offerto lo spunto per la costruzione dell'omonimo castelletto romantico.

1

3

2

4

Stuttgart

Ein Wahrzeichen der Landeshauptstadt ist der Fernsehturm (1). In der Altstadt ist es die Stiftskirche, von der man zu Fuß zum Neuen Schloss (2) mit der Siegessäule im Park gehen kann. Unweit davon das Alte Schloss, das Staatstheater, der Rosensteinpark und der Landtag. Für Kunstfreunde empfiehlt sich u.a. die Staatsgalerie, der botanisch-zoologische Garten „Wilhelma" ist eine der vielen anderen Attraktionen Stuttgarts. Nr.3: Flughafen Stuttgart.

Stuttgart
The television tower (1) is a symbol of the Land's capital. The Collegiate is located in the Old City; from here you can walk to the New Castle (2) with the Victory Column in the park. Not far from here are the Old Castle, the State Theater, Rosenstein Park and the regional Diet. For art lovers, we recommend the State Gallery. The Wilhelma botanical and zoological gardens are one of Stuttgart's endless attractions. No.3: Stutgart airport.

Stuttgart
Un des symboles de la capitale du Land n'est autre que la tour de la télévision (1). Dans la Vieille Ville, on peut voir la Collégiale d'où, à pied, on peut se rendre au Château Neuf (2) avec la Colonne de la Victoire dans le parc. Non loin de là se dresse le Vieux Château, le Théâtre National, le parc Rosenstein et la Diète régionale. Nous conseillons aux amateurs d'art d'aller visiter, entre autres, la Galerie Nationale. Les jardins botanico-zoologiques "Wilhelma" sont aussi une des infinies attractions que propose Stuttgart.
N°3: aéroport de Stuttgart.

Stoccarda
Un simbolo della capitale del land è la torre televisiva (1). Nella Città Vecchia si trova la Collegiata, da cui a piedi è possibile raggiungere il Castello Nuovo (2) con la Colonna della Vittoria nel parco. Poco lontano da qui si trovano il Castello Vecchio, il Teatro Statale, il parco Rosenstein e la Dieta regionale. Agli amanti dell'arte consigliamo tra l'altro la Galleria Statale. I giardini botanico-zoologici "Wilhelma" sono solo una delle infinite attrazioni di Stoccarda. N°.3: aeroporto di Stoccarda.

2

3

1

Tübingen

1. Stiftskirche
2. Alte Aula
3. Alter Universitätskarzer
4. Cotta-Haus
5. Martinianum
6. Holzmarkt
7. Rathaus
8. Marktplatz
9. Neptunbrunnen
10. Stadtmuseum
11. Jakobus- oder Spitalkirche
12. Fruchtschranne
13. Kirche St. Johannes
14. Wilhelmsstift
15. Nonnenhaus
16. Bebenhäuser Pfleghof
17. Schloß Hohentübingen
18. Evangelisches Stift
19. Burse
20. Hölderlinturm
21. Platanenallee
22. Uhland-Denkmal
23. Neue Aula
24. Kunsthalle

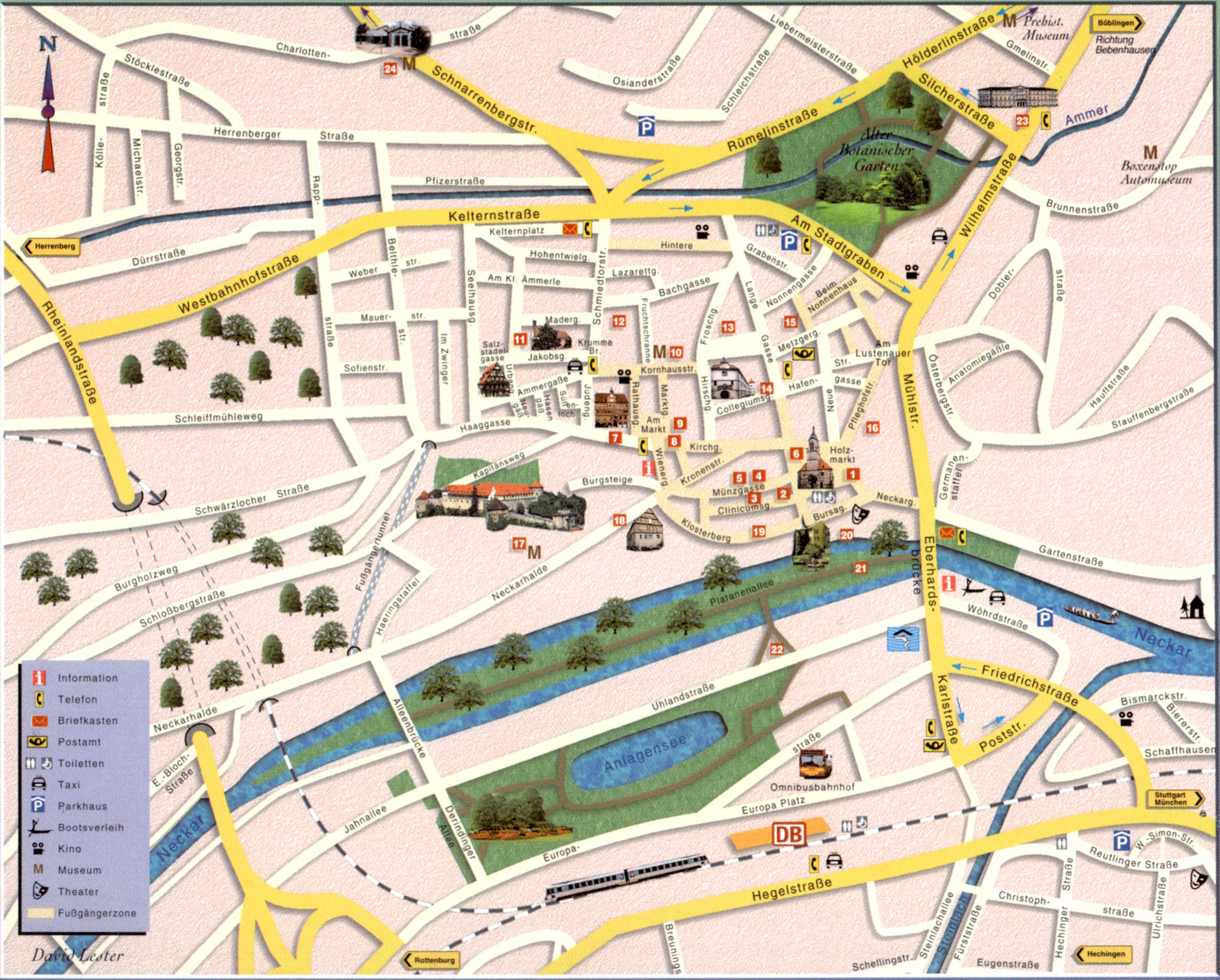

„BerühmteTübinger" - Straßennamen
Citoyens célèbres de Tübingen et noms de rues
Famous Citizens of Tübingen and Street Names
Cittadini famosi di Tubinga nonché nomi di strade

Autenrieth Heinrich Ferdinand, Prof. med. und Kanzler der Uni (1772-1835) - **Bohnenberger** Friedrich von, Theologe und Astronom (1765-1831) - **Breuning** Konrad, Tübinger Vogt (hingerichtet 1517) - **Bruns** Paul von, Prof. med. (1846-1916) - **Carlo-Steeb** Gründer von Waisen- und Kinderheimen (1773-1856) Christoph Herzog von Württemberg (1515-1568) - **Correns** Carl, Prof. Botanik (1864-1933) - **Cotta** Johann Friedrich, Verlagsbuchhändler (1764-1832) - **Dann** Jakob Heinrich Bürgermeister (1752-1790) - **Eberhard** Graf und Herzog von Württemberg (1445-1496) - **Eduard-Haber**, Prof. jur. (1866-1942) - **Eduard-Spranger**, Prof. Philosophie (1882-1963) - **Enno-Littmann**, Prof. Orientalistik (1875-1958) - **Ernst-Bloch**, Philosoph (1885-1977) - **Ferdinand-Christian-Baur**, Prof. Theologie (1792-1860) - Frischlin Nikodemus von, Prof. Dichtkunst und Geschichte (1547-1590) - **Fuchs** Leonhart, Prof. med. und Botanik (1501-1566) - **Gabriel-Biel**, Theologe (1425-1495) - **Gmelin** Christian, Prof. Chemie und Botanik (gest. 1860) - **Gottlieb-Olpp** Prof. med. Tropenheim-Direktor (1872-1950) - **Haering** Theodor, Prof. Philosophie (1884-1964) - **Hans-Geiger**, Prof. Physik (1882-1945) - **Hauff** Wilhelm, Dichter (1802-1827) - **Hegel** Georg Friedrich Wilhelm, Philosoph und Theologiestudent in Tübingen (1770-1831) - **Heinlen** Johann Jakob, Abt von Bebenhausen und Pfarrer in Derendingen (1588-1660) - **Helmuth-von-Glasenapp**, Prof. Indologie (1891-1963) - **Hermann-Kurz**, Uni-Bibliothekar und Vater der Dichterin Isolde Kurz (1813-1873) - **Hölderlin** Friedrich, Dichter (1770-1843) - **Hofmeister** Wilhelm, Prof. Botanik (1824-1877) - **Hoppe-Seyler** Felix, Prof. Physiologische Chemie (1825-1895) - **Isolde-Kurz**, Dichterin (1853-1944) - Jakob-von-Hoddis, (Hans Davidsohn) Dichter (1887-1942, ermordet) - **Justinus-Kerner**, Dichter (1786-1862) - **Karl-Adam**, Prof. kath. Theologie (1876-1966) - **Kepler** Johannes, Astronom und Mathematiker (1571-1630) - **Kielmayer** Karl Ferdinand, Prof. Pharmazie und Chemie (1765-1844) - **Köstlin** Reinhold, Prof. jur. und Dichter (1813-1856) - **Konrad** von Lustnau, Abt von Bebenhausen (gest. 1353) - **Liebermeister** Carl, Prof. med. (1833-1901) - **Lilli-Zapf** jüdische Autorin - **List** Friedrich, Nationalökonom (1789-1846) - **Ludwig-Krapf**, Missionar und Sprachforscher (1810-1881) - **Martin-Crusius**, Prof. Rhetorik und Philologie (1526-1607) - **Max-Hartmann**, Direktor Max-Planck-Institut Biologie (1876-1962) - **Melanchthon** Philipp, Prof. Rhetorik, Geschichte, Griechisch (1497-1560) - **Mörike** Eduard, Dichter und Pfarrer (1804-1876) - **Mohl** Hugo, Prof. Botanik (1805-1872) - **Naukler** Johann Nauclerus, (Vergenhans) erster Rektor und später Kanzler der Uni (1425-1510) - **Niethammer** Emil, Prof. jur., Präsident des Oberlandesgerichts (1869-1956) - **Osiander** Johannes, Prof. jur. (1657-1724) - **Paul-Lechler**, Gründer des Instituts für ärztliche Mission (1849-1925) - **Payer** Friedrich, Präsident der württembergischen Abgeordnetenkammer (1847-1931) - **Perthes** Georg, Prof. med. (1869-1927) - **Peter-Goessler**, Prähistoriker und Archäologe (1872-1956) - **Pfizer** Paul Achatius, Politiker und Publizist, Oberjustizrat - **Philipp-von-Heck**, Prof. für Rechtsgeschichte (1858-1943) - **Primus-Truber**, slowenischer Reformator und Pfarrer in Derendingen (1508-1586) - **Quenstedt** Friedrich August, Geologe (1809-1889) - **Robert-Gradmann**, Geograph (1865-1950) - **Rümelin** Gustav, Kanzler der Uni (1815-1889) - **Ruth-Marx**, jüdisches Kind, als 8-Jährige ermordet - **Schelling** Friedrich Wilhelm von, Philosoph (1775-1854) - **Schickhardt** Heinrich, Hof- und Landbaumeister (1558-1635) - **Schleich** Gustav, Prof. med. Augenklinik (1851-1928) - **Schönberg** Gustav von, Prof. Nationalökonomie und Kanzler der Uni (1839-1908) - **Schwab** Gustav, Mitglied des schwäbischen Dichterkreises (1792-1850) - **Sigwart** Christoph, Philosoph (1830-1904) - **Silcher** Friedrich, Universitäts-Musikdirektor (1789-1860) - **Uhland** Ludwig, Prof. Literatur (1787-1862) - **Ulrich** Herzog von Württemberg (1487-1550) - **Vischer** Friedrich August, Ästhetiker (1807-1887) - **Vöchting** Hermann, Prof. Botanik (1847-1917) - **Wächter** Karl Georg, Prof. jur., Kanzler der Uni (1797-1880) - **Weizsäcker** Karl Heinrich von, Prof. für Kirchen- und Dogmengeschichte (1822-1899) - **Wildermuth** Ottilie, Dichterin und Schriftstellerin (1817-1877) - **Wolfgang-Stock**, Prof. med. (1874-1956).

„Berühmte Tübinger"- Gebäude
Personnages célèbres commémorés par des monuments
Famous people commemorated in buildings
Personaggi noti ricordati negli edifici

Bengel (Haus) Albrecht, Bibelforscher (1687-1752) - **Carlo-Schmid (Gymnasium)**, Jurist und Vizepräsident des deutschen Bundestags (1896-1979) - **Eberhardskirche**, **Graf Eberhard im Bart** (1445-1496) - **Hesse (Haus, Musikakademie)** Hermann, Schriftsteller (1877-1962) - **Kepler (Gymnasium)** Johannes, Astronom und Mathematiker (1571-1630) - **Lothar Meyer (Bau)** , Prof. Chemie (1830-1895) - **Ludwig Krapf (Schule)**, evang. Missionar (1810-1881) - **Melanchthon (Schule)** Philipp, Prof. für alte Sprachen und Mitarbeiter Luthers (1497-1560) - **Mörike (Schule)** Eduard, Dichter und Pfarrer (1804-1876) - **Paul-Lechler (Krankenhaus)**, Gründer des Instituts für ärztliche Mission (1849-1925) - **Schlatter (Haus)** Adolf, Theologe (1852-1930) - **Silcher (Schule)** Friedrich, Universitätsmusikdirektor (1789-1860) - **Uhland (Gymnasium)** Ludwig, Prof. Literatur (1787-1862) - **Wildermuth (Gymnasium)** Ottilie, Dichterin und Schriftstellerin (1817-1877)

Erinnert sei hier an einige Namen jüdischer Familien Tübingens
Quelques familles juives célèbres
Some famous on Jewish families
Alcune note famiglie ebree

Hayum **Hirsch** **Lion** **Löwenstein** **Marx** **Oppenheim** **Schäfer** **Spiro** **Weil** **Zapf** **Zivi**

Tübingen liegt

fast am 48. nördlichen Breitengrad und 9. östlichen Längengrad,
ungefähr 30 km vom Flughafen Stuttgart-Echterdingen entfernt,
genau am Schnittpunkt von B27 und B28,
zwischen Schönbuch und Schwäbischer Alb,
und ist geographischer Mittelpunkt Baden-Württembergs.

Tübingen is located

at a latitude of almost 48° north and a longitude of 9° east,
about 30 km from the Stuttgart-Echterdingen airport,
right at the intersection of B27 and B28,
between Schönbuch and the Swabian Mountains,
and is the geographical center of Baden-Württemberg.

Tübingen se trouve

pratiquement à 48° de latitude nord et 9° de longitude est,
à environ 30 km de l'aéroport Stuttgart-Echterdingen,
exactement au croisement entre la B27 et la B28,
entre Schönbuch et l'Alpe Souabe,
et est le centre géographique du Baden-Wurtemberg.

Tubinga si trova

quasi a 48° di latitudine nord e 9° di longitudine est,
a circa 30 km dall'aeroporto Stuttgart-Echterdingen,
esattamente all'incrocio tra la B27 e la B28,
tra Schönbuch e l'Alpe Sveva,
ed è il centro geografico del Baden-Württemberg.

Kultur/Veranstaltungen/ Wissenswertes — **Culture/Events / Excursions worthy of note** — **Culture/Manifestations/ Sites dignes d'intérêt** — **Cultura/Manifestazioni/ Mete degne di nota**

Theater: **Theater:** **Théâtre:** **Teatro:**
Landestheater Württemberg- Hohenzollern (LTT) - Zimmertheater - Schillersaal im Museum (Gastspiele) - Studententheater im Bert Brecht Bau - Sommertheater Lindenhof aus Melchingen - Vorstadt-Theater (Puppenbühne) - Kindertheater Teo Tiger.

Konzerte und Kultur: **Concerts and culture:** **Concerts et culture:** **Concerti e cultura:**
Casino - Club Voltaire - Foyer - d.a.i. (Deutsch Amerikanisches Institut) - H.A.U.P.T.-Bahnhof - ICFA (Institut Culturel Franco Allemand) - Mensa Wilhelmstraße und Morgenstelle - Quartier - Sozi-Kulturelles Zentrum Sudhaus - Volkshochschule - Studio 19A - Zentrum Zoo Kultur (auch Disco).

Kinos: **Cinema:** **Cinéma:** **Cinema:**
Atelier - Arsenal - Blaue Brücke - Löwen - Museum

Konzerte: **Concerts:** **Concerts:** **Concerti:**
Festsaal Neue Aula - Musik im Hesse Haus - Musikschule - In vielen Kirchen und Schulen der Stadt - Kloster Bebenhausen.

Kirchen: **Churches:** **Eglises:** **Chiese:**
17 evangelische Kirchen, 9 katholische Kirchen, 1 Edith-Stein-Karmel Kloster, 18 Kirchen und Versammlungsorte von 11 religiösen Gemeinschaften.

Bibliotheken: **Libraries:** **Bibliothèques:** **Biblioteche:**
Universitäts-Bibliothek - Stadtbücherei - Lesesaal im Museum

Bildungsstätten: **Cultural centers:** **Centres culturels:** **Centri culturali:**
1 allgemeiner Schulkindergarten - 2 Sonderschulen - 15 Grundschulen - 5 Hauptschulen - 3 Realschulen - 5 Gymnasien - 1 Freie Waldorfschule - 30 Berufs- und Berufsfachschulen - Musikschule - Familien-Bildungsstätte - Volkshochschule - SIT (Sprach Institut Tübingen) - Seminar für Schulpädagogik - DIFF (Deutsches Institut für Fernstudien) - Universität.

Begegnungsstätten: **Meeting places:** **Lieux de rencontre:** **Centri d'incontro:**
„Hirsch" Begegnungsstätte für Ältere - Jugendzentrum Epple Haus - Jugendforum WHO - Jugendtreff Wanne - Jugendhaus Paulinenstraße

Sehenswertes: **Excursions worthy of note:** **Sites dignes d'intérêt:** **Mete degne di nota:**
Auto- und Spielzeugmuseum „Boxenstop" - Geologisch-Paläontologische Schausammlung - Zoologische Schausammlung - Österbergturm - Sternwarte der Universität.

Information **Information** **Informations** **Informazioni**
Bürger- und Verkehrsverein: An der Neckarbrücke, D- 72072 Tübingen, Tel.: 07071 / 9136-0, Fax : 07071 / 35070
E-mail Bvv.tuebingen@t-online.de, Internet: http://www.tuebingen-info.de

© Copyright **KINA ITALIA S.p.A.** - Milan
Published by **RISCH-LAU & GEBR. METZ**. Ges.m.b.H - Salzburg
Photos: Risch-Lau & Gebr. Metz Ges.m.b.H, Eva Bauer
Layout and printing: **KINA ITALIA S.p.A.** - Milan
Texts: Eva Bauer - Tübingen
Translations: A.B.A. - Milan
All rights for texts and photographs reserved.
Reproduction, including partial reproduction, forbidden.